HEYNE

ACHIM
ACHILLES

DAS WALKER-HASSER-MANIFEST

Warum muss ein
ganzes Volk am Stock gehen?

WILHELM HEYNE VERLAG
MÜNCHEN

FSC
Mix
Produktgruppe aus vorbildlich bewirtschafteten Wäldern und anderen kontrollierten Herkünften

Zert.-Nr. SGS-COC-1940
www.fsc.org

Verlagsgruppe Random House FSC-DEU-0100
Das für dieses Buch verwendete FSC-zertifizierte Papier *München Super* liefert Mochenwangen.

Redaktionelle Betreuung: Susan Mücke

Originalausgabe 09/2007

Printed in Germany 2007
Umschlaggestaltung: Eisele Grafik-Design, München,
nach einer Idee von Anna Korolewicz
Satz: C. Schaber Datentechnik, Wels
Druck und Bindung: GGP Media GmbH, Pößneck
ISBN: 978-3-453-60071-3

www.heyne.de

Gewidmet dem einsam und traurig
um den Schlachtensee trottenden Walker,
der viel lieber laufen würde,
wenn er sich nur trauen täte.

INHALT

Liebe Achilles-Freunde,

bei der Auswahl der Geschichten stand der Autor vor einem Problem: Eigentlich dürfen sich in einem neuen Werk nur neue Kolumnen finden. Andererseits gibt es im Erstling *Achilles' Verse* vier schöne Beiträge, die unbedingt in ein Walker-Hasser-Buch gehören. Wen es stört, den bittet der Autor herzlich um Verständnis und Entschuldigung, allen anderen wünscht Achilles viel Spaß beim Lesen.

Berlin, im trainingsreichen Sommer 2007, *Achim Achilles*

1. WARUM MUSS EIN GANZES VOLK AM STOCK GEHEN?

Walken ist von einer Randgruppen-Therapie zur Feld-, Wald- und Landplage geworden. Zudem offenbart der Walker eine besorgniserregende Psychostruktur. Wer glaubt, mit Stöckchenziehen Fett zu verbrennen, der investiert auch in Kettenbriefe, ruft bei 9Live an und hofft auf gute Laune durch Wellnessseife. Dass ausgerechnet Deutschland die Stockspitze der weltweit operierenden Walking-Sekte bildet, weist auf ein gewaltiges Standortproblem hin.

Eine Seuche, schlimmer als Pest, BSE und Vogelgrippe, greift unerbittlich um sich: Walking. Über acht Millionen Deutsche bewegen sich inzwischen im Schneckentempo durch die Grünanlagen, ziehen Skistöcke hinter sich her und glauben fest daran, dass sie Sport treiben. Zu allem Übel ist Walking auch noch ansteckend: Zehn Millionen Bundesbürger würden sich dieser übermenschlichen Herausforderung gern mal stellen. Dann wären genauso viele Walker wie Läufer unterwegs. Eine grausame Vorstellung.
Walker empfinden sich als Stockspitze einer neuen Wellness-Bewegung, die überwiegend Frauen anzieht. Klar, denn Walken schont die Frisur und das Make-up. Man schwitzt nicht, Fahrtwind kommt auch nicht auf. Nur die aufgeklebten Fingernägel mit den Swarovski-Splittern leiden manchmal etwas in den Handschlaufen.

Wer seit Jahren echten Laufsport betreibt, betrachtete die ersten dieser bizarren Spaziergänger noch mit Amüsement. Doch inzwischen hat sich das Walken zur Landplage entwickelt. Läufer müssen jeden Quadratzentimeter Waldweg freikämpfen, einen schmalen Pfad finden durch Rudel unwirscher Übergewichtiger, Wälder von quer gestellten Stöcken und ein Meer neidisch-bösartiger Blicke. Früher schwieg man noch vorwurfsvoll, heute brüllt man sich gern mal an. Was der Borkenkäfer für den Baum, ist der Walker für den Läufer – eine Bedrohung.
Damit keine Missverständnisse aufkommen: Echtes Nordic Walking, bei dem sich der Athlet in großen armgetriebenen Sätzen voranbewegt, ist eine anspruchsvolle Sache. Auch der zügige Walk, der den Puls peitscht, geht sofort als guter Sport durch. Ebenso wenig ist gegen Reha-Patienten, genesende Senioren oder Adipöse zu sagen, die eine sanfte alltägliche Fortbewegung wiedererlernen müssen. Walking ist sicher auch eine gute Übergangsbewegung zwischen Sitting und Running. Solange es das Ziel ist, sich eines Tages ebenso elegant wie zügig vorwärtsbewegen zu wollen, also laufend.
Als Selbstzweck ohne weiteres Ziel ist Walken jedoch Zeitverschwendung, denn es bedeutet zuerst das Vermeiden von gesundheitsförderlichem Sport. Insbesondere die in Deutschland verbreitete Variante des Trottens mit schleifendem Stock, die jedes Wochenende millionenfach dargeboten wird und früher »Spazierengehen« hieß, bietet für halbwegs gesunde Normalbürger kaum messbare Vorteile außer ein wenig frischer Luft und Sozialkontakte. Ausdauer, Fitness und Muskelkraft werden mit dem schlurfenden Kriechgang am Stock kaum gefördert. 17 gute Gründe gegen das Walken finden sich am Ende dieses Buches.
Dennoch hängen die Fans der um sich greifenden Schleichbewegung dem Irrglauben an, ihre Slow Motion habe etwas mit Sport zu tun. Es sind die gleichen Menschen, die sich vom Kauf eines Wellness-Duschbades ein dauerhaft besseres Leben erhoffen. Wer an Walking und Wellness glaubt, geht davon aus, dass man

innere und äußere Zufriedenheit mal ebenso im Vorbeigehen tanken kann. Jede Form von Mühe empfinden sie als Unglück und Zumutung.
Glaubt man Berichten aus anderen Teilen der Welt, dann ist die sportliche Ersatzhandlung namens Walken ein deutsches Phänomen. Selbst in den USA, dem Mutterland der Trend-Hinterherrenner, ist Walking bei Weitem nicht so verbreitet wie zwischen Sylt und Berchtesgaden. Läuferfreunde berichten aus aller Welt, dass die Walk-Hysterie allenthalben abebbt oder gar nicht erst aufgekommen sei. Warum können sich englische Gentlemen oder italienische Großmütter würdevoll an einem Spazierstock vorwärtsbewegen, während hierzulande ein ganzes Volk am Stock geht?
Der Psychotherapeut Wolfgang Schmidbauer *(Alles oder nichts – über die Destruktivität der Ideale)* liefert dafür einen interessanten Erklärungsansatz. In Deutschland habe die schwer traumatisierte Kriegsgeneration besonders anlehnungsbedürftige, unsichere Kinder herangezogen, die als »Achtundsechziger« bekannt geworden sind. Diese fanden es schick, von ihren Kindern mit Vornamen angeredet zu werden, wollten ganz dicht bei ihrem Nachwuchs sein, vergaßen dabei aber, ihren Kindern die Fähigkeit zu Konfliktverarbeitung und -toleranz mitzugeben. Jede Kritik wurde als Angriff auf die Persönlichkeit interpretiert. Die Fähigkeit, mit Kränkungen, Rückschlägen und Enttäuschungen umzugehen, ist in Deutschland vergleichsweise unterentwickelt, das Bedürfnis nach sofortiger Erfolgsmeldung dagegen übermäßig ausgeprägt.
Die Umetikettierung der Alltagstätigkeit Gehen in einen vermeintlichen Sport namens Walken bietet dieser Spezies die perfekte Illusion: Fitness ohne Anstrengung, Siege ohne Niederlagen, Laufen ohne Schnaufen. Walking ist eine klassische Als-ob-Handlung, eine Simulation wie das Jumbo-Fliegen am Computer, deren Spannung nur in der Fantasie existiert.
Echte Leibesübungen verlangen gerade dem Anfänger Durchhaltewillen ab, liefern nur allmählich Erfolgserlebnisse, dafür aber jede

Menge Kränkungen und Rückschläge. Wer sich jemals mit ein paar Kilos zu viel auf den Hüften von einem schlanken Schnellläufer überholen lassen musste, kennt dieses Gefühl nur zu gut. Dem Walker bleiben solche Enttäuschungen erspart. Walken kann jeder, es gibt kaum Vergleichsmöglichkeiten, die eine frustrierende Einteilung in gut und schlecht zementieren. Niemand kann verlieren. So liefert Walken subjektives Erfolgsgefühl und minimiert jedwede Frustration. Walker bleiben bereitwillig unter ihren Möglichkeiten und halten ihre Leistungsverweigerung auch noch für schlau.

Im Vergleich zum echten Freizeitathleten ist dem Walker jedwedes Gefühl für Scham abhandengekommen. Um die eigene Vorstellungskraft anzuheizen und sonntägliche Zeugen im Wald auch keineswegs im Unklaren zu lassen, was gerade dargeboten wird, braucht es ein brachiales öffentliches Zurschaustellen. Wichtiger als jede Leistung ist die furchterregende Ausrüstung, von den Stöckchen bis zum Trinkfassgurt, das Halsband mit Schlüssel, Handy und MP3-Player, dazu GPS-Ortung, Defibrillator, Kamera. Und auf den Ohren sitzen ein paar Kopfhörer, damit man hinterrücks nahende Läufer auch garantiert nicht hört. Je mehr exhibitionistisch transportiertes Equipment, desto stärker scheint die Illusion zu wirken, man bewege sich unheimlich professionell durchs Unterholz.

Es ist wie permanenter Karneval: Ein bisschen Verkleidung katapultiert den Walker aus dem Alltag des trägen Ichs heraus. Das wäre kein Problem, solange diesen armen Menschen von einer perfiden Industrie nicht die totale Gesundheit vorgegaukelt würde. Eine Bewusstseinsmaschine, mit dem Duo Diabolo Rosi Mittermaier/Christian Neureuther im Führerhaus und vielen anderen geschäftstüchtigen Strahlemännern dahinter, hat aus einem Irrtum ein hochprofitables Geschäft gemacht. Denn Walking lohnt sich. Mehr als vier Millionen Paar Stöcke gammeln in deutschen Kellern oder in den Händen ihrer Besitzer vor sich hin. Kein Freizeitvertreib der letzten Jahre hatte derartige Zuwachsraten zu bieten.

Langsam allerdings müssten die ersten Modern-Walking-Fans kapieren, dass sie getäuscht worden sind. Denn Walking funktioniert nicht. Wenn der Stockmarsch schön, fit und schlank machen würde, warum sehen Walker dann überwiegend so gruselig aus? Walking ist nichts anderes als Gehen, es heißt nur irgendwie dynamischer. Gehen ist gut und schön und seit Jahrhunderten erprobt, aber eben weit entfernt von erhöhtem Puls, Leistungszuwachs und Fettverbrennung.

Dass das Walken Hüftgold zum Schmelzen bringt, ist einer dieser unausrottbaren Mythen, den die Walker ganz besonders gerne glauben. Klingt ja auch zu schön. Man schlendert plaudernd durch die Gegend und das Fett schmurgelt einfach davon. Fettverbrennung! Wer dieses Wort erfunden hat, der ist ein begnadeter Demagoge. Es klingt so scharf wie »Teufelsaustreibung« für den Papst oder »Mullahverbannung« für den US-Präsidenten. Wer wollte das nicht – das Böse verbrennen?

Doch Fett ist wie Sonne: Theoretisch bietet es wahnsinnig viel Energie, praktisch aber nie dann, wenn man sie braucht. Der Körper will sein Fett nicht hergeben. Er hat über Jahrmillionen gelernt, überschüssige Kalorien an Bauch, Beinen und Po zu speichern, als Reserve für lange, kalte Winter. Er klammert sich an sein schönes warmes Polster. Also muss man den Körper einlullen, ihn gefügig machen, ihm den Eindruck geben, es kämen große Anstrengungen auf ihn zu. Frühestens ab einer Stunde Langsamlaufen macht der Körper sein Fett locker. Aber nur, wenn nicht zwischendurch neuer Treibstoff eingefüllt wird.

Man muss ihm jedes Gramm abringen, und das strengt an. Entweder weil die Läufe lang und langsam sind oder kurz und schnell. Was garantiert hilft, ist lang und schnell. Was garantiert nicht hilft, ist kurz und langsam. Dass es hinter einer Walker-Horde trotzdem nach Frittenbude riecht, hat weniger mit Fettverbrennung zu tun als mit deren liebstem Aufenthaltsort.

Natürlich ist es jedem Menschen unbenommen, seine Freizeit so unsinnig zu gestalten, wie er möchte. Doch die Freiheit des

Walkers endet dort, wo die Unfreiheit anderer temporärer Waldbewohner beginnt. Und genau an diesem Punkt hat das Millionenheer der Walker den Bogen zu oft überspannt. Sie stehen nicht nur im Weg, sie betrachten inzwischen auch jeden Pfad als ihr Privateigentum und verbellen jeden, der es wagt, sich in ihrem Revier zu bewegen. Am Stalinisten-Blick sollt ihr sie erkennen.

Es ist an der Zeit, den Irrsinn auch als solchen zu bezeichnen und diese Volksverdummung und ihre schrecklichen Folgen zu bekämpfen. Denn der Walker ist grundsätzlich intolerant. Weil er im tiefsten Inneren ahnt, dass sein Treiben nah an der Albernheit rangiert, kompensiert er sein schlechtes Gewissen mit einem besonders selbstherrlichen Auftritt. Er philosophiert unablässig über die angeblichen Vorzüge seines Zeitvertreibs, zeiht Läufer ihres Ehrgeizes und der Körpermisshandlung. Verbarg sich der Walker früher noch in Grünanlagen, so klackern seine Stöcke inzwischen überall: in Fußgängerzonen und U-Bahnen, auf Flughäfen und in öffentlichen Bedürfnisanstalten.

Walking ist zu einer Geißel der Menschheit geworden, die Walker-Bewegung, wenn auch naturgemäß langsam, auf dem Weg zur terroristischen Vereinigung. Erbarmungslos breiten sie sich aus, bekämpfen Andersgläubige, sind überzeugt, dieser Planet sei nur für sie gemacht. Sie klammern sich an Märchen und faseln wissenschaftlich unhaltbare Viertelweisheiten, die sie sich in Büchern des grinsenden Elends Dr. Strunz zusammengestohlen haben. Was dem einen die Freifahrt ins Paradies, ist dem anderen die Fettverbrennung.

Die Psychostruktur des Walkers entspricht in etwa der von Alfred Tetzlaff, dem schlichten, gutgläubigen Motzkopf, im steten Kampf für sich und gegen alle, die anders sind. Er glaubt nur, was er im Fernsehen gesehen hat, sogar wenn es vom Altbroiler Strunz stammt. Hauptsache, es wird Erfolg ohne Anstrengung versprochen. Der Walker entspricht dem Typus des Teleshoppers, der Bauch-weg-Gürtel, Zauberunterwäsche und Klebedrinks bestellt, von denen man angeblich schnell dünn wird. Sixpack ohne Situps, Marathon ohne Schweiß, Abnehmen ohne Verzicht. Es ist kein Zufall, dass fast alle Walker aussehen wie Harry Wijnvoord, vor allem die Frauen.

Das Versprechen von Wundern bedient perfekt die Schnäppchen-Mentalität des Walkers, ein Typ also, der als Erster den Flughafenbus besteigt, um sich mitten im Eingang mit seiner für Handgepäckverhältnisse viel zu großen Tasche breitzumachen, damit er auch ja als Erster die Treppe zum Flugzeug erklimmen kann. Menschen, die sich von Ich-bin-doch-nicht-blöd-Reklame angesprochen fühlen, an Horoskope glauben, früher an Bauherrenmodelle und bis heute an die wundersame Geldvermehrung durch Kettenbriefe. Zeitgenossen also, die sich für so schlau halten, dass sie die Naturgesetze aushebeln können, zum Beispiel jenes, dass man eine Buttercremetorte zum Frühstück mit 27 Minuten Stöckchenziehen nicht davon abhalten kann, sich auf den Hüften niederzulassen.

Ist das schon Grund genug, Walker zu hassen? Natürlich ist »hassen« ein böses, schwarzes Wort und es steht zuerst einmal aus Gründen der Plakativität auf dem Titel dieses Buches. »Hassen« trifft die Empfindungen des echten Läufers gegenüber seinem übergewichtigen Nachäffer auch nur ungefähr. Es ist mehr ein Verabscheuen, Bescheuertfinden und Ignorierenwollen, wenn das möglich wäre.

Ist es aber nicht, seit jeder sonnige Sonntagmorgen, an dem der ehemals gut gelaunte Läufer zu seiner Runde startet, zu einem Slalom zwischen maulenden Tonnen geworden ist, die sich wie die Herren aller Grünanlagen aufführen. Schon auf dem ersten Kilometer hat er mit Mühe dem Stock ausweichen können, der just in der Sekunde emporschnellte, als er den ersten Walker zu überholen gedachte. Entkräftet von den ersten 300 Metern hatte der wulstleibige Mann eine Pause eingelegt, die natürlich nicht wie eine aussehen durfte. Also stoppte er schnaufend, als habe er etwas Unglaubliches im Dickicht gesehen, und riss seine Gehhilfe

empor, um darauf zu deuten – natürlich unmittelbar vor der Nase des im Überholvorgang befindlichen Läufers.
Kaum ist diese erste Hürde genommen, wächst aus dem Wald langsam, aber bedrohlich eine Mauer aus funktionsfaserbespanntem Gammelfleisch, Hüftrolle an Hüftrolle, ein undurchdringlicher Palisadenzaun des Grauens. Ein höflich gehecheltes »Dürfte ich mal …« wird ebenso ignoriert wie ein kraftvolleres Räuspern. Sie sind, wie immer, damit beschäftigt, an einer ihrer zahlreichen Trinkflaschen zu nuckeln oder ziegelsteingroße Energieriegel mit einem Happs zu verschlingen. Erst ein beherzt gebrülltes »Platz da, ihr Breitärsche!« bringt Bewegung in den Berg. Es ist die einzige Tonlage, die Walker verstehen. Unter Protestgemaule öffnet sich die Wand millimeterweise, allerdings so unkoordiniert, dass ein Durchkommen kaum möglich ist. Nicht auszudenken, wenn sie genau in dem Moment ihre Leiber wieder zusammenpressen, da sich der Läufer exakt dazwischen befindet. Also nimmt man den Umweg durchs Unterholz, was erste blutige Kratzer mit sich bringt, die aber nichts sind im Vergleich zu den seelischen Verletzungen, die Walker anrichten.
Nächstes Hindernis auf dem Parcours des trampelnden Wahnwitzes sind Walker, die ihre schlimmsten Verbündeten bei sich haben: Hunde. Entweder hängt die überfütterte Töle an einer Schnappleine oder aber der Walker im Geschirr und die Leine im Karabiner vor dem Bauch. In beiden Fällen zieht das Tier das Untier, nur selten aber den Weg entlang. Das Leinen-, Stock- und Speckgewirr ist ähnlich undurchdringlich wie jenes Muster aus Laserstrahlen, das die teuersten Diamanten der Welt beschützt. Durchkommen fast unmöglich. Wer stürzt, verliert, denn dann kommt der Hund, bestenfalls nur zum Schlabbern, und gleich darauf das Frauchen zum Meckern. Drohend hebt sie den Stock und faucht: »Passen Sie doch auf …«
Zum Abschluss pure Psychofolter. Bereits einen knappen Kilometer vor der nächsten Kurve hört man, was sich gleich dahinter im Zeitlupentempo bewegt. Fliehende Vogelschwärme bestäti-

gen die böse Ahnung: Walker. Sie quatschen die ganze schöne Waldesruhe nieder, da wird sogar dem Specht schlecht. Mit seinem Gehämmer kann er sich beim besten Willen kein Gehör mehr verschaffen gegen den schwatzenden Block, der zum Picknick beim Meinungsaustausch gern auch mal ein Viertelstündchen stehen bleibt.

Mit Walkern ist jeder Sonntag Vatertag. Denn rudelweise bevölkern sie nach getanem Schlurf die Biergärten, manche ziehen ihre Schuhe aus, die Pilzbefallenen auch gern die Socken. Volkswirtschaftlich immerhin ist der Walker ein Gewinn, denn er konsumiert unablässig. Leider auch frische Waldluft.

Eine schweigende Mehrheit von Millionen von Läufern hat das bizarre Schlurfen bislang halbwegs stoisch ertragen. In unzähligen zustimmenden Mails auf die Walker-skeptischen Kolumnen des ebenso ausdauernden wie erfolgsentwöhnten Freizeitläufers Achim Achilles auf SPIEGEL ONLINE machten sie ihrem Unmut Luft, ihrer Furcht vor der Walker-Diktatur.

Dieses Buch ist all denen gewidmet, die still dort leiden, wo sie früher mit sich, der Natur und ihrem stolzen Sportsgeist alleine waren. Ihre Zuschriften finden sich zwischen den einzelnen Kolumnen, Zeugnisse traumatischer Erlebnisse.

Die Archäologen der Zukunft werden bei ihren Grabungen in ein paar hundert Jahren auf eine merkwürdige Schicht stoßen aus einer Epoche, die sie das Walkozän nennen werden. In Kellern, auf Speichern und in Kofferräumen werden sie bunte Aluminiumstöcke finden, deren Zweck angesichts der Klimaveränderung kein wintersportlicher sein konnte. Die Forscher werden nach Erklärungsmustern fahnden: plötzliche Schwächeanfälle vielleicht, eine seltsame Krankheit oder eine bizarre Religion? Den wahren Grund werden sie wohl nie herausfinden. Es war schlichtweg Blödheit.

Lieber Achim,
Ihre Walker-Artikel sprechen mir voll aus dem Herzen. Schon lange muss man sich über einige sogenannte Sportarten wundern, denn wir Deutschen waren doch immer dafür in der Welt bekannt, dass wir gerne laufen. Weshalb dann auf einmal Walking? Davon mal abgesehen, sieht es ja auch ziemlich lächerlich aus.
Kurt

Moin Achim,
ist Dir eigentlich schon aufgefallen, dass man bei Nordic Walkern an den Stockbewegungen genau ablesen kann, ähnlich dem Lippenlesen beziehungsweise den Flaggensignalen bei der Seefahrt, über welches Thema gerade gesprochen wird? Am letzten Freitag im Wald schlich eine Kollegin von mir mit zwei Freundinnen vor mir her, und ich versuchte festzustellen, über was da gerade gesprochen wird. Es ging eindeutig ums Kochen. Was mir auch heute auf der Arbeit bestätigt wurde. Eine Prise Salz beispielsweise bedeutet den Stock nach oben drehen, um das Einstreuen der Prise zu simulieren. Mein Ziel ist nun eine vollständige Übersetzung von nordic gewalkten Rezepten.
Gruß,
Walter

2. TERRORISTEN MIT TRINKFLASCHE

Sie sind die Pest. Allein dieses Outfit – ein ästhetischer GAU. Aber es werden immer mehr. Sie sind überall. Der Wald wird zur Kampfzone. Auf ins Gefecht!

Man hört sie schon von Weitem am Schrappen ihrer Stöcke. Sie sind gefährlich, gemein und rücksichtslos. Sie werden immer bedrohlicher, ich verachte sie zutiefst: Walker. Wenn sie zu dritt nebeneinander auf dem Waldweg ihre albernen Aluminiumrohre finnischer Herkunft hinter sich herziehen, muss ich beim Überholen aufpassen, dass ich nicht über einen ihrer Prügel stolpere und mir alle Knochen breche.

Kommen sie mir entgegen, gucken sie so entschlossen und selbstgewiss durch ihre 200 Euro teure Oakley-Colorverglasung, dass mir angst und bange wird. Wir sind die Guten, die Gesunden, sagen ihre stolzen Blicke, wir strapazieren unsere Gelenke nicht, wir gehen sanft und rücksichtsvoll mit unserem Körper um, wir sind keine brachialen Brechmänner, die mit 40 Jahren immer noch so tun, als sprängen sie randvoll mit Testosteron über eine Bullenwiese.

Am Anfang habe ich versucht, sie mit einem höhnischen Grinsen zu verunsichern. Sie wussten genau, was ich meinte: Ja, ich lache über euch, eure albernen Stöckchen, die peinlich-bunten Karnevalsklamotten, eure klumpfüßigen Schuhe und vor allem verachte ich euch für eure gigantischen Trinkfässer, die ihr umgeschnallt habt: 200 Kalorien pro Stunde vernichten, aber 500 zu sich nehmen – so verliert man kein Gramm, sondern päppelt unterernährte Kinder auf, liebe Walktonnen.

Jetzt mal unter uns und ehrlich: Ihr seid doch nur Walker geworden, weil Ihr zu schlapp seid zum richtigen Laufen. Lasst Euch doch nicht von der Sportartikel-Industrie veräppeln, die Euch für teuer Geld irgendwelchen Spezialkram verkaufen will, nur damit nach Sport aussieht, was keiner ist: 120 Euro für Schuhe, 150 für die Stöcke, 100 für Hemd und Hose, 20 für den Trinkflaschenhaltergurt und noch mal 30 für die Dose Pulver, aus der Ihr Euer isotonisches Spurenelementgetränk anrührt, ohne das Ihr Eure übermenschlichen Belastungen nie durchstehen würdet.

Früher hieß das mal Spazierengehen, was Ihr da macht. Mit einem Paar »Mephisto« und einer Windjacke wart Ihr für zehn Jahre bestens ausgerüstet. Niemand hat Stöcke hinter sich hergeschleift. Ihr hattet einen kleinen Rucksack dabei, darin eine Wanderkarte und ein Äpfelchen. Die Männer trugen das Taschenmesser, die Frauen Labello und Hustenbonbons. Und in der Jackentasche hieltet Ihr immer ein Päckchen Papiertaschentücher bereit. Jetzt seid Ihr zu Walkern mutiert und unerträglich.

Neulich wollte ich wieder so eine Gruppe überholen. Als ich auf zehn Meter heran war, habe ich beschleunigt wie Michi Schumacher am Ende der Schikane. Sie sollten den Staub schmecken, den ich mit meinen kraftvollen Schritten aufwirbeln würde. Doch kaum hatte ich den Turbo gezündet, fuhr ein stechender Schmerz durch mein linkes Bein, so, als hätte mir jemand ein Starkstromkabel ins Knie gerammt. Ich machte »Hrrmmpf«, beugte mich vor und begann zu humpeln.

Die Walker drehten sich um. Ungerührte Blicke. »Alles in Ordnung«, quetschte ich ungefragt hervor. Trottet doch weiter, ihr Idioten. Taten sie auch. Das Schrappen ihrer Stöckchen verhallte.

Ich schleppte mich zum Parkplatz. Weil jeder Tritt auf die Kupplung höllisch schmerzte, fuhr ich im zweiten Gang nach Hause. Mona schüttelte nur den Kopf. Mein Stöhnen nachts ertrug sie nicht. Sie zog aufs Sofa. Der Orthopäde am nächsten Morgen fühlte und röntgte und murmelte irgendetwas von »Patellasehne«. Er befahl vier Wochen Laufpause, mindestens. Zum Abschied fragte er: »Haben Sie's mal mit Walken versucht?«

Lieber Achim,
endlich ein Wort über die Sinnlosigkeit dieser modernen Volksbewegung, die nichts anderes ist als der Versuch, sich und die Mitmenschen über ihr sportliches Leistungsvermögen hinwegzutäuschen. Die Stricknadeln schwingenden Zeitgenossen werden immer mehr zu einer Gefahr für Radfahrer auf Wald- und Radwegen: Klingelzeichen nehmen sie zumal die meisten sich schon im hohen Rentenalter befinden – nicht wahr oder wollen sie nicht hören. Zucken schreiend zusammen, wenn der Radler kurz hinter ihnen zur Notbremse greift, und beschimpfen ihn dann noch. Entgegenkommende Walker sind nicht minder eine Plage. Mit weit nach links und rechts schwingenden Stöcken und verbissenem Blick scheinen sie alles niedermähen zu wollen, was sich ihnen ungebeten zu nähern droht. Ich warte nur noch auf den Tag, an dem der erste Skistock zwischen den Speichen meines Vorderrades landet.
Werner

Lieber Achilles,
es sieht wirklich albern aus, wenn man mit den Stöcken im Wald unterwegs ist. Und es macht andere Geräusche als schnaufende Jogger, rasende Mountainbiker, schlendernde Spaziergänger. Aber es macht Spaß. Und für viele ist es die Einstiegsdroge. Bevor ich es meinen Gelenken antue, zu joggen, muss ich erst mal eine Grundfitness aufbauen. Und das mache ich mit dem Crosstrainer im Studio, Ernäh-

rungsumstellung, angepasstem Krafttraining und Nordic Walking. Damit habe ich zehn Kilo abgenommen, und ich kann Dir versichern, in meinem Lauftreff schleichen keine gemächlichen Hackfleischbällchen durch den Wald, sondern Menschen mit unterschiedlichen Figuren in unterschiedlichen Outfits und ihrem Leistungsvermögen angepassten Tempo.
Bitte erst mal selbst ausprobieren, dann darf auch gemeckert werden,
Carla

Hi Achim,
ich suche nach einem Geheimrezept gegen die gefürchtete Vierer-Walker-Kette, die jeden Weg blockiert. Wahrscheinlich muss man einfach umdrehen.
Marc

Hallo Achim Achilles,
wer Nordic Walking richtig betreibt, ist kein Stöckchen-Zieher, sondern ein Stöckchen-Drücker. Man drückt sich ab, und zwar mit Schmackes. Wie beim Langlauf. Und das tut weh. Der Trizeps fühlt sich danach an wie Marmelade. Und Abdrücken geht auf Dauer überhaupt nur mit einigermaßen ausgebildeter Oberkörpermuskulatur. Wer sich mit Kraft abdrückt, dabei weit und schnell ausschreitet, hat einen erhöhten Puls und ist bei Anstiegen nicht schlecht außer Atem. Nach einem Walk von circa zwei Stunden hat man brennende Oberarme und

schmerzende Hüft- und Pomuskeln. Das ist Nordic Walking. Man kann das nur richtig ausführen, wenn man eine professionelle Unterweisung gehabt hat, das heißt mindestens zwei Doppelstunden mit einem ausgebildeten Trainer, der einen immer wieder korrigiert. Einmal eine Broschüre oder ein Büchlein lesen, Stöcke kaufen, loswalken, das kann man vergessen. Übrigens überholt man als fitter Nordic Walker auch mal den einen oder anderen Langsamjogger. Aber auch über die Schnelljogger freuen mein Mann und ich uns immer, denn die haben so einen hübsch verkniffenen Ich-quäl-mich-wenigstens-richtig-du-Stöckchen-Lusche-Gesichtsausdruck.
Chris

Hi Achim,
im gesamten Winter habe ich keinen einzigen Läufer im Wald gesehen, wohl aber ist unsere Nordic-Walking-Gruppe jeden Mittwoch, Freitag und Sonntag unterwegs gewesen. Jetzt bei beginnend schönem Wetter ist der Wald wieder überfüllt von Läufern, die anscheinend im Winter lieber hinter dem Herd saßen. Ich lache und singe beim Walken, unterhalte mich fröhlich und zähle mich nicht zu einer typisch deutschen Spezies. Ich dusche kalt und nicht warm und bin auch ansonsten kein Weichei! Etwas mehr Toleranz gegenüber anderen Outdoor-Sportlern wäre schön.
Jens

3. GAMMELFLEISCH IN FUNKTIONSFASER

Nach persönlicher Inspektion von Abertausenden Stockschleichern steht fest: Walker ist nicht gleich Walker. Die wachsende Schar der Watschler lässt sich in unterschiedlichste Gruppen einteilen. Nur eines haben alle gemeinsam: Sie sehen gruselig aus.

Kaum steigt die Temperatur über zwölf Grad, da lässt sich ein ebenso plumper wie scheuer Waldbewohner wieder blicken: der gemeine Feld-, Wald- und Wiesen-Walker. Als Winterschläfer hat er viele Monate reglos unter Laubhaufen zugebracht, sich von seinen immensen Fettvorräten ernährt und Mineralstoffe aus seinem schweren Trinkgürtel gesogen.

Walker sind wie Krokus und Maiglöckchen. Man sieht sie scharenweise im Frühling, sie sind bunt und bewegen sich langsamer, als es das menschliche Auge zu erkennen vermag. Das ist gut so. Denn bevor man das Walker-Spray aus dem Halfter zieht und auf sie richtet, sollte man sie noch einmal ganz genau beobachten. Dabei stellt man plötzlich fest: Was sich da als amorphe Trottmasse durch Deutschlands ehemals schönen Wald schiebt, besteht tatsächlich aus einzelnen Wesen, die sich bisweilen deutlich unterscheiden.

Die noch junge Wissenschaft der Walkathologie (Unterdisziplin der Saurierforschung) hat eine erste Typologie des Homo walkaniensis aufgestellt.

Typ 1 – Der Neu-Walker

Trägt noch die Bügelfalten aus dem Sportgeschäft in seinem grellbunten Hemd. Hat die Zunge in den Mundwinkel geklemmt und versucht angestrengt, die hochkomplexe Koordination von Arm und Bein so auszuführen, wie es ihm der Trainer in einem achtzehnstündigen Einführungskurs mit Handpuppen vorgespielt hat. Tendenziell blaugesichtig, weil er immer wieder das Atmen vergisst.

Typ 2 – Die Walking-Barbie

Deutlich über 40, will aber aussehen wie 20. Deswegen bevorzugt in Rosa mit total lustigen Sprüchen auf dem taillierten Frotteehemdchen. Übungsziel: die schlaffe Haut, die truthahnartig vom Oberarm lappt, mittels Stockeinsatz wieder in Muskelfleisch zu verwandeln. Funktioniert aber nicht, da sie das letzte Kohlenhydrat vor etwa drei Jahren zu sich genommen hat und seither nur noch im Diät-Kosmos kreist. Wegen Kraftmangels baumeln Stöcke und Armbeutel um die Wette.

Typ 3 – Der Hightech-Walker

Kommt nie weit, weil er mit seinen Kabeln im nächstbesten Zweig hängen bleibt. Freisprechteil am Ohr, Halsband mit Schlüsselbund, Handy und MP3-Player, GPS-Empfänger am Arm, Schrittzähler am Schuh, Solarzellenmütze zur Stromversorgung, Trinkrucksack mit Schlauch und Mundstück. Später abends auch schon mit vierfarbiger Lichtorgel und Anhänger mit Mobilzapfanlage gesehen worden.

Typ 4 – Der Wehrmachts-Walker

War früher mal Wandersmann. Macht Geräusche wie Opa Hoppenstedt. Augen geradeaus. Zackiger Marschierstil, traditionsbewusst in Karohemd und Kniebundhose. Will sich aber der Moderne nicht verschließen und hat deswegen ein paar luftgepolsterte Edeltreter über die Wollsocken gezogen. Unsere Jungs fliegen ja auch nicht mehr Messerschmidt, sondern Tornado. Problem: Wie kriegt er die metallenen Wanderabzeichen (»Grüße vom Obersalzberg«), die an seinen Holzstock genagelt waren, nun an den Aluprügeln befestigt?

Typ 5 – Der Teletubbie-Walker

Will eigentlich gar nicht an die frische Luft, sondern lieber weiter chatten. Muss aber raus, weil es ihm sein Hausarzt befohlen hat. Sollte vergangenes Jahr schwimmen, kam aber nicht weit. Das Jahr davor sollte er weniger essen. Hat auch nicht geklappt. Jetzt also walken. Weil es in seiner Größe keine Sportklamotten gibt, steckt er in hauszeltartigen Gewändern mit lustiger Aufschrift (»Muttis Liebling« oder »Love Machine«). Lustlos zieht er die Stöcke hinter sich her, die in seinen fleischigen Pfoten sowieso aussehen wie Essstäbchen oder Zahnstocher. Versucht im Gehen, neue Klingeltöne fürs Handy zu laden.

Typ 6 – Der ernsthafte Walker

Meist Frauen um die 50, die ein Vakuum füllen müssen, weil die Kinder aus dem Haus sind. Walken ist ihre Religion, so wie es vorher Aerobic, Step-Yoga und Power-Standing waren. Wissen alles über Walking. Halten ermüdende Vorträge über Fettverbrennung, Zahl der beanspruchten Muskeln und Stocktechnik. Tragen den heilig-zornigen Blick der Inquisition. Wer es wagt, eine lustige Bemerkung über Walker zu machen, wird in Grund und Waldboden argumentiert und kann froh sein, wenn er nicht wegen Beleidigung vor den Kadi geschleift wird.

Typ 7 – Der Eskimo-Walker

Trägt auch im Hochsommer Mütze, Handschuhe und vierlagige Sportkleidung. Dafür gibt es keine logische Erklärung. Wahrscheinlich gar kein Walker, sondern Geruchsfetischist, der sich am Aroma von schweißigem Gammelfleisch in Funktionsfaser aufgeilt.

Lieber Achim!
Wir haben im Büro eine Nordic-Walking-Chief-Instruction-Tante. Ihr Argument, es bringe etwas für den Oberkörper, habe ich mit meinen 20 Jahre alten Laufhanteln (»Heavy Hands«) gekontert, mit denen ich bisher gelaufen bin. Ich nenne das jetzt Silent Running.
Martin

Lieber Achim,
vergraule mir nicht zu sehr die Walker. Immerhin sind diese bewaffnet. Ohnehin stören Walker beim Laufen weniger als ihre schnarchnasigen Köter, die immer das Talent besitzen, sich mir genau in den Weg zu stellen. Weiter so,
Paul

Hallo Achim,
mein Tipp gegen die Walker-Seuche: Ich laufe am Wochenende immer um die Mittagszeit, da sitzen die meisten Walker noch im Wirtshaus. Hat gestern prima geklappt, aber am Nachmittag beim Spazierengehen mit der Freundin waren die ganzen Wanderwege verseucht. Es ist nicht ganz leicht, sie ohne Blessuren zu überholen, denn das dilettantische Hantieren mit den Stöcken ist für alle Beteiligten nicht ungefährlich.
Georg

4. DIE WAHRHEIT ÜBERS WALKEN

Endlich ist es bewiesen: Walken bringt nichts. Was Läufer schon immer ahnten, bestätigen wissenschaftliche Studien. Wann endlich werfen die Jünger der Schleichbewegung die Stöcke weg und fangen an zu laufen?

Um jede Randgruppe wird sich in diesem Land gekümmert: Es gibt Frauenhäuser, integriertes Wohnen für jeden sozial Dysfunktionalen und einfühlsame Therapien für Internetsüchtige. Heere von Psychologen und verständnisvollen Ehepartnern kümmern sich sogar um manische, schizophrene oder paranoide Läufer, von denen es Millionen gibt.

Wer aber sorgt für eine Gruppe von Mitmenschen, die hilflos durch kommunale Grünflächen schlurfen, peinlich aussehen und dem Irrglauben anhängen, ihr bizarres Zeitlupen-Gestochere nütze irgendwem irgendetwas außer der Skistock-Industrie, die eine absurde Fortbewegungsart erfand, um auch in den Sommermonaten ihre Umsätze zu sichern? Es wird höchste Zeit für eine Ruckrede unseres Bundespräsidenten. Thema: Schützt die Walker, vor allem vor sich selbst. Andernfalls drohen soziale Verwerfungen, deren Folgen Rentenkrise und Ost-West-Debatte bei Weitem übertreffen.

Fakt ist: Walking nützt nichts, es ist gesellschaftlich diskreditiert, ruiniert Karrieren und kann sogar zum Tode führen. Und das ist bewiesen. An der Universität von Alberta, Kanada, wurden unlängst die gesundheitlichen Effekte bei einem Walker-Rudel und einer Gruppe eher zurückhaltender Fitness-Sportler verglichen. Beide absolvierten über sechs Monate regelmäßig ein mörderisches 10 000-Schritte-Programm.

Das niederschmetternde Ergebnis: Es reicht nicht, sich in eine bunte Stretch-Pelle aus Polyamid zu zwängen und krakeelend Stöckchen durch den Wald zu ziehen. Manchmal muss der Walker-Puls auch über den eines Hirntoten gepeitscht werden. Zu viel Sanftheitsterror tötet sogar. Denn beim verhaltenen Stöckchenziehen bleiben alle wichtigen Werte – Blutdruck oder maximale Sauerstoffaufnahme – stabil auf dem Level von Reiner Calmund, im Gegensatz zum gemäßigten Joggen. Es gehe eben nicht darum, nur ein paar Schritte mit entschlossenem Blick gemacht zu haben, erklärt die sympathisch-kompetente Untersuchungsleiterin Vicki Harber, sondern vielmehr zähle, ob man dabei gelegentlich auch ein wenig geschnauft und den Puls in Wallung gebracht hat.

Völlig zu Recht wächst der Widerstand gegen die immer mehr um sich greifende Schleichbewegung. Engagierte Bürger finden sich allerorten zusammen, die der Walker-Plage nicht länger schweigend gegenüberstehen wollen. Offen bekennen sie sich zu den Werten des gepflegten Ausdauersports. T-Shirts mit Texten wie »Walker raus« oder »Gib Walkern keine Chance« sind immer häufiger zu sehen.

Eine Berliner Bürgerinitiative plant, das Gebiet um den Schlachtensee zur ersten Walker-freien Zone Deutschlands zu erklären. Schilder (»Haltet den Wald sauber und Walker fern«) sollen errichtet werden. Baumstämme über den Zugangswegen mit einer Mindesthöhe von zwölf Zentimetern haben sich als wirkungsvolle Walker-Sperren erwiesen. Platzwarte diverser Sportvereine erklärten sich bereit, Problem-Walker im Rahmen eines Resozialisierungsprogramms vorübergehend zur Rasenbelüftung per Stockstich einzusetzen.

Die unmenschlichen Spätfolgen des Walkens haben sogar schon prominente Opfer gefordert. ARD-Sportkoordinator Hagen Boßdorf, der seinem Sender Ansehen, Bares und Exklusivinformationen verschaffte, stolperte 2006 ausgerechnet über einen Walking-Stock. Der Mann, dem es gelang, Jan Ullrichs Märchenstunde über Jahre exklusiv fürs Erste zu gewinnen, musste sein segensreiches Wirken abrupt beenden. Denn bei der Berichterstattung über einen Walking-Event wurden Redaktionelles und Reklame für Mager-Margarine vermischt. Wer an Walken glaubt, der glaubt auch ans Fettsparen durch Diät-Schmiere. Und rutscht dabei bisweilen aus. So hat das unselige Walken sogar die steile Karriere eines unbescholtenen Spitzenjournalisten ruiniert. Es ist an der Zeit, die Wahrheit über die unfassbare Freizeitvergeudung Walken und seine gesundheitliche Folgenlosigkeit ans Licht zu bringen. Der Bürger hat ein Recht darauf.

Hallo Achim,
in Deinen Beiträgen zu den Walkern machst Du einen Denkfehler: Du bewertest die Walker als Sportler. Das mag im Ausnahmefall auch mal so sein (schließlich gibt es auch rauchende Sportler). Aber allein die Tatsache, dass es sich überwiegend um Damen handelt, sollte Dir zu denken geben. In Wirklichkeit wird ein ganz anderes weibliches Grundbedürfnis ungehemmt ausgelebt: das Dauerreden. Und dies ist auch die historische Mission der Nordic Talker. Wo sonst kann die holde Weiblichkeit ihr unbegrenztes Mitteilungsbedürfnis ausleben, ohne mitleidige bis vorwurfsvolle Kommentare zu ernten? In der Natur ausgeübt, wird das Ganze plötzlich sogar gesellschaftlich anerkannt. Sehen wir es positiv: Die Alternative wäre nicht Laufen, sondern unbegrenztes Belegen des Telefons.
Grüße eines Geschädigten aus Bremen

Lieber Achim,
was kann man dagegen tun, dass walkende Pärchen im Partnerlook (beide in diesen grässlichen bunten Funktionsshirts aus der Eduscho-Aktionswoche) im Stadtpark das Stadtbild versauen? Partnerlook sollte aus ästhetischen Gründen generell verboten werden. Walken übrigens auch.
Johannes

5. STECHWÜTIGE IM KAUFHAUS

Dem Läufer bleibt aber auch gar nichts erspart. Walker im Wald – das ging ja noch. Inzwischen machen sich die Bewegungsmuffel jedoch auf, die Innenstädte zu erobern. Dummerweise sind sie bewaffnet.

Neulich wartete ich an der Kasse eines schwedischen Bekleidungshauses, versunken in den Gedanken, ob ich die beiden Businesshemden nicht vielleicht doch zurücktragen und stattdessen lieber ein flottes Funktionsfaserhemd im Ausdauertempel erstehen sollte, als plötzlich ein stechender Schmerz in meinen Hochleistungsfuß jagte. Die stählerne Spitze eines Walking-Stocks hatte sich durch das atmungsaktive Gewebe in mein mediales Os metatarsale gebohrt, vulgo: den Mittelfußknochen.
Die Waffe gehörte einer älteren Dame, die an der Kasse nebenan gerade bezahlte, eine Webpelzjacke in der Unfarbe Aubergine, »zum Sport«, wie sie der grinsenden Kassiererin ungebeten verriet. Weil zwei Walking-Prügel und diverse Einkaufstüten ein Koordinationsvermögen erfordern, das Stockschleicher ganz bestimmt nicht haben, hatte sich das Walk-Ross zum Plausch kurz mal eben auf eine ihrer Gehhilfen gestützt – leider stand mein Fuß darunter.
»Ähh, junge Frau …«, ächzte ich unter Schmerzen, aber die Dame überhörte mich. »Aua«, fiepte ich, bis sie mich endlich

ansah. »Sie sehen doch, dass ich gerade bezahle«, knurrte sie. »Ihr Stock …«, winselte ich, »… in meinem Fuß.« Langsam blickte sie an ihrem Ferrari-roten Alurohr hinab. »Oh«, sagte sie. Dann verlagerte sie in Zeitlupe ihr nicht unbeträchtliches Gewicht. Der Schmerz ließ langsam nach. »Oh«, sagte sie noch einmal. Auf eine Entschuldigung wartete ich vergebens. Walker haben kein Benehmen. Sie hatte sich wieder dem Bezahlen zugewandt. Die Kassiererin entwirrte demonstrativ einen String-Tanga in XXL, den die Walküre wohl zum Webpelz anzulegen gedachte, wenn sie das nächste Mal den Grunewald perforierte.

Mit Walkern ist es wie mit Wildschweinen. Sie drängen immer furchtloser in Richtung Stadtzentrum. Früher kam Hannibal mit den Elefanten. Heute kommen sie ohne ihn, dafür mit ihren Stöcken. Es ist eine Invasion. Zum verkaufsoffenen Samstag auf den Ku'damm rücken beängstigende Menschenmengen mit ihren Freizeitwaffen an. Kaum haben sie ihren klimaschonenden Geländewagen mit viel Hin und Zurück ins Parkhaus gepresst, schnappen sie die Stöcke aus dem Kofferraum und klötern im Stechschritt vom Pkw zum Aufzug. Wahrscheinlich tragen sie in ihr Streckenbuch jedes Training über zehn Sekunden ein. Auf dem Bürgersteig bahnen sie sich dann rücksichtslos eine Gasse durch Kinderwägen, Hundeleinen, Großfamilien und ehrbare Bürger. Platz da, sagen ihre kühnen Blicke, hier kommt die Brigade Volkssport.

Warum nur, fragt sich der Psychologe besorgt, tragen sie ihr Scheinsportgerät pausenlos mit sich herum? Wenn das alle machten: Jeder Hobbyfußballer ginge dribbelnd zum Zigarettenholen. Der Schwimmer in der Badebuxe ins Theater. Was aber ist mit Stabhochspringern? Oder Schwebebalkenturnerinnen? Dressurreitern gar? Wenn das so weitergeht, schleppen unsere Ruderer bald den Deutschland-Achter durchs Brandenburger Tor.

Wahrscheinlich gehorcht der gemeine Walker einem permanenten Rechtfertigungszwang. Er ahnt, dass sein Treiben mit Sport nichts zu tun hat, und demonstriert sein Engagement daher besonders demonstrativ. In Amerika tragen auch immer die Dicksten die teuersten Laufschuhe. Sie signalisieren: Ich bin nicht so, wie ihr glaubt. Wir aber denken: Doch, bist du wohl.

Walken bringt offenbar etwas Manisches mit sich. Klar. Wenn der stramme morgendliche Gang zum Klo bereits als Sport angesehen wird, dann besteht logischerweise der ganze Tag aus gefühlter Hochleistung, sieht man mal von den acht Stunden vor Fernseher und Computer ab und den drei Double-Bacon-Double-Cheese-Zwischenmahlzeiten.

In den verbleibenden Minuten des Tages trainiert der Walker praktisch pausenlos: sieben Schritte zum Kühlschrank, zwölf bis zum Alibert, um eine Handvoll Appetitzügler nachzuladen. Und dann natürlich die große Prüfung, wenn es ein- bis zweimal im Monat nach draußen geht. Wer so viel läuft, dem werden die Stöcke zwangsläufig zum Körperteil. Das ist so ähnlich wie mit dem Blackberry. Mensch und Gerät werden eins.

Für die Stockindustrie sind das gewaltige Chancen. Der Walker kann ja nicht ein und dieselben Stützen überall mit hinnehmen. Er braucht Opern-Stöcke aus Elfenbein, welche aus Recycling-Plastik, um den Müll runterzubringen, und das Modell aus Zucker mit Herzchen fürs »Pur«-Konzert. Vor allem aber muss ein Paar mit ganz weichen Enden her, fürs Samstags-Shoppen. Damit wäre das Verletzungsrisiko für andere schon mal minimiert.

Lieber Achim,
ich fahre eigentlich Rennrad, aber meiner Liebsten zuliebe schleppe ich auch Stöcke hinter mir her. Vorzugsweise am Sonntag, in der Frühe. Da konnte ich dann feststellen, wie viele meiner Freunde sich in der Frühe im Wald herumtreiben, obwohl bislang alle behauptet haben, bis Mittag zu schlafen.
Anton

Servus Achim,
kennst Du auch die Walker im Freibad? Sie haben durchschnittlich 40 Pfund Übergewicht und gehen ausschließlich um die Feierabendstunde, also nach 17.30 Uhr, wenn unsereins Zeit hätte, ein paar Meter geradeaus zu schwimmen, ins Wasser. Aber sie sind selbstverständlich nicht allein, sondern mindestens in Sechserketten organisiert, die die Hälfte der Beckenbreite besetzen. Natürlich schwimmen sie dann auch nicht, sondern halten mit einer Geschwindigkeit von einer Beckenlänge pro Stunde den Kopf über Wasser. Mit den Armen höchstens Schwimmbewegungen andeutend, unterhalten sie sich beispielsweise darüber, wie schön warm das Wasser ist. Dagegen ist es das reinste Kinderspiel, die Viererkette von Manchester United zu überwinden.
Arndt

Lieber Achim,
auch ich zähle mich eigentlich zu den überzeugten Läufern. Ab und zu überkommt es mich jedoch und ich greife zu den Walking-Stöcken und ziehe damit meine Runden im Wald. Richtig ausgeführt, kann auch Walken eine anstrengende und schweißtreibende Sportart sein. Und hinterher spüre ich Muskeln, die beim Laufen anscheinend verkümmern, manchem Läufer aber in der knackigeren Variante auch recht gut zu Gesicht oder besser Po stehen würden.
Ulrich

Hallo Achim,
ich lese Deine Artikel immer gerne, obwohl ich ein Walker bin. Zu meiner Entschuldigung muss ich sagen, dass ich zum einen damit schon vor sechs Jahren angefangen habe (und damals war ich echt noch Exot!) und dass ich es aus medizinischen Gründen mache: Habe einen Bandscheibenvorfall und die Ärzte haben mir das richtige Joggen verboten. Ich mache das übrigens ohne Stock. Dafür – und jetzt bitte nicht vor Lachen zusammenbrechen – habe ich ein vier Meter langes gelbes Gummiband (Terraband) um meinen Körper gewickelt. Das sieht nach Sadomaso aus, ist aber gut für die Stützmuskulatur der Wirbelsäule. Was mich immer amüsiert, sind die arroganten Jogger mit deutlichem Bauchansatz, die zweimal im Jahr laufen und dann

meinen, abfällig-mitleidig auf die Walker gucken zu müssen, während sie sich durch ihre Sprungbewegungen den untrainierten Rücken kaputt machen.
Gammelfleisch grüßt Rennsocke,
Martin

Hallo Achilles,
ambitionierte Nordic Walker treiben ihren Puls bei korrektem Fuß- und Stockeinsatz locker auf 160 und mehr hoch. Außerdem sparen sie noch das Sportstudio für die Bildung der Arm- und Schultermuskulatur. Ich wette mit Ihnen, dass Sie keine fünf Minuten mit einem halbwegs geübten Nordic Walker mithalten können. Weiterhin viel Spaß als Marathoni. Passen Sie auf Ihre Kniegelenke auf.
Josef

6. PEPE, DIE GRUNZENDE WALKERIN

Manche Walker muss man einfach lieb haben. Vor allem die, die sich beim Stretchen quälen. Es ist ja auch verdammt schwierig, Stöcke, Zigarette und Körperspannung gleichzeitig zu halten.

Meine liebste Sportkameradin steht jeden Samstagvormittag auf dem Parkplatz am Berliner S-Bahnhof Grunewald inmitten ihrer Walking-Gruppe. Sieht aus, als hätte ein Laster dort eine Fuhre Teletubbies verloren. Schwankend stützen die Modellathleten sich auf ihre Stöcke und biegen ihre Körper mit leisem Grunzen. Meine kleine Sportkameradin ist fast schlank und hat schwarz gefärbte Haare, was man am graublonden Scheitelstreifen erkennt.

Sie sieht aus wie »Pepe«, das verliebte Zeichentrick-Stinktier, das sich für unwiderstehlich hält und mit französischem Akzent »Isch liebe disch« schmachtet. Ich weiß nicht, wie sie heißt und wer sie ist. Aber ihre Anmut fasziniert mich, besonders wenn sie ihre Zigarette so lasziv zwischen den gefährlich kirschroten Lippen hält.

Viel Strecke hat Pepe noch nicht gemacht. Es ist auch nicht die erste Zigarette bei diesem Training, wie die beiden Lippenstiftkippen auf dem Waldboden verraten. Ihre Spezialhandschuhe umfassen kraftvoll die beiden Spezialstöcke. Sie drückt die Schultern Richtung Spezialschuhe und schiebt den spezialhosenbespannten Steiß zur Sonne – alles, ohne dabei Qualm in die Augen

zu bekommen. »Und jetzt stretchen wir noch mal die andere Seite«, ruft der Instructor, der früher bestimmt in Kniebundhosen Senioren-Wandergruppen betreut hat.
Stretchen ist perfekt für Walker. Eben auch ein Illusionssport. Klingt professionell, sieht einigermaßen wichtig aus, ist aber garantiert so frei von Anstrengung wie Stöckchenziehen. Im besten Fall hat man sogar eine Hand frei fürs Pilsken oder die Zigarette. Stretchen ist auch prima zum Zeitschinden: 10 Minuten Laufklamotten anziehen, je 15 Minuten An- und Abfahrt, 20 Minuten duschen und restaurieren, dann noch jeweils 15 Minuten vor und nach dem Lauf stretchen, und schon hat man mit einer halben Stunde Schlafftrab gefühlte zwei Stunden Sport getrieben.
Der Trick scheint sich herumzusprechen. Sonntags am Fischerhüttenweg kommt man keine vier Schritte weit, ohne über einen Hardcore-Stretcher zu stolpern. Am Treppengeländer, unten auf der Brücke, an jeder Bank hat ein Mensch die Stöcke beiseitegestellt, hält sich irgendwo anders fest, hat ein Bein aufgelegt, biegt den Oberkörper ein wenig und befummelt mit angestrengtem Blick seinen Oberschenkel. Auweia, eine Muskelverhärtung! Aber wovon?
Manchmal steht auf der Wiese ein besonders engagierter Dehner wie ein Storch auf einem Bein und reckt die Arme in die Höhe. Seht her, Vati kann nicht nur Walken, sondern sogar Power-Stretchen. Am besten sind allerdings die Kanonen, die wie tot an ihrem Auto lehnen, schwer pumpend, den Kopf tief zwischen die Arme gezogen. Preisfrage: Ein Kreislaufkollaps infolge Überlastung, ein feststoffbegleitetes Bäuerchen oder einfach nur Stretch-Alarm?
Dehnen muss sein, sagt die Fachwelt. Die Theorie behauptet, dass der gemeine Muskel sich nach getaner Arbeit zusammenzieht. Tut er das zu oft, verkürzt er sich dauerhaft. Stretchen nachher wirkt dagegen. Und vorher ist es auch wichtig, dann muss man nicht so lange laufen. Dehnen ist wie eheliche Treue. Eigentlich sollte man.

Das Problem: Keiner weiß, wie es geht. Bis ganz kurz vorm Wehtun dehnen, rät der Experte. Aber woher soll ich wissen, wann es kurz vor dem Wehtun ist? Entweder tut es noch nicht weh, dann habe ich nicht genug gezogen. Oder es tut weh, dann war es zu viel. Jede Wette, dass mehr Verletzungen durch Stretching hervorgerufen wurden hat als durch Dehnungsabstinenz. Letztes Jahr erst bescherte mir brachiales Oberschenkeldrücken ein Vierteljahr lang Sehnenqual zwischen linker Hinterbacke und Kniekehle.
Ich bin bekennender Stretch-Muffel. Beineziehen ist langweiliger Walker-Schnickschnack, es sieht Uschi-artig aus und außerdem wackele ich immer, wenn ich eine Hacke mit beiden Händen an den Hintern ziehen soll. Manchmal hüpfe ich dann, um das Gleichgewicht zu halten. Eine entwürdigende Aufführung. Ich war immer steif wie Stoiber und werde es für den Rest meines Lebens bleiben. Meine Fingerspitzen hatten noch nie das Vergnügen, den Boden zu berühren, solange die Knie durchgedrückt waren. Na und? Bin ich Läufer oder Yogi?
Mein Mitläufer Klaus Heinrich ist ein manischer Dehner. Vor jedem Lauf baut er sich gut sichtbar auf und verrenkt sich. Komischerweise immer in der Nähe ebenfalls dehnender Frauen. Klaus Heinrich ist Single und schwört auf multiple Beziehungen. »Lass uns endlich laufen«, quengle ich. »Noch zwei Minuten«, wispert er zurück, »die Braut da vorne guckt schon.« Natürlich rennen die Frauen immer sofort weg, wenn Klaus Heinrich ein Gespräch über die Vorzüge weichen Waldbodens im Spätsommer anfangen will. Walker fürchten sich vor Läufern. Nur eine nicht. Nächsten Samstag mache ich ihn mit meiner Sportsfreundin Pepe bekannt.

Lieber Achim Achilles,
in einer sehr bekannten Grünoase der Stadt Dresden hat man übrigens den Bewegungsenthusiasten mit Stöckchen die Ausübung der Fortbewegung untersagt. Gilt vor allem für den organisierten Herdenausflug. Dresden braucht zwar sehr lange, um eine neue Brücke zu bauen, aber wenn es um sportliche Ästhetik im Stadtbild geht, dann wird sehr kurzfristig entschieden.
Mit freundlichen Grüßen,
Oliver

Einen wunderschönen guten Morgen, Herr Achilles,
ich bin selbst Trainer in einem Sport- und Gesundheitszentrum, wobei meine Arbeit tatsächlich eher der eines Animateurs oder eines Aufklärers gleicht. Denn zu Beginn jedes Sportlerlebens müssen wir unseren Mitgliedern leider die Illusion nehmen, dass es eine Abkürzung zu einem gestählten Körper gibt. Walken, Pilates und die Vielzahl an neumodischen Kursen können bestenfalls ein Einstieg in die Welt des Sports sein. Es bedarf der Disziplin und einer Menge Aufopferung, um wirklich fit zu werden.
Mit freundlichen Grüßen aus dem Pott,
Thorsten

7. MANTA FÜR DIE FÜSSE

Moderne Laufschuhe sind nicht besser als die aus vergangenen Zeiten. Sie garantieren auch keine Topergebnisse. Sie sind vor allem eines – teurer. Während sich Läufer von leeren Versprechen kaum mehr blenden lassen, hat die Sportartikelindustrie eine neue Opfergruppe gefunden, die sich jeden Schnickschnack bereitwillig andrehen lässt: Walker.

Na endlich. Mistwetter, matschige Wege, frostige Winde. Höchste Gefahr für Fuß, Steiß und Nieren. Meine heiß geliebte Ausrüstungsfrage stellt sich drängender denn je. Keines meiner sieben Paar Laufschuhe ist für widriges Wetter ausgelegt. Anschaffungen sind umgehend nötig. Auf welchem Profil wollen wir diesen Winter durch den Schnee hoppeln? Wie organisieren wir das komplexe Wechselspiel von Fußkälte und Frischluft? Welche bahnbrechenden Neuerungen müssen einfach sein?

Ab in den Ausdauertempel. Große Plakate. Ein neuer Wunderschuh. Unsere amerikanischen Freunde haben etwas ganz Heißes herausgebracht: »Cesium«. Prima Name. Der Athlet soll nukleares Britzeln unter der Fußsohle verspüren. Peitscht zu ganz neuen Halbwertzeiten. Puma wird mit dem Modell »Plutonium« kontern. Adidas arbeitet im Geheimen am Wunderschuh »Brokdorf«, Asics schlägt mit dem »SS 20 Sellafield« zurück. Nur Reebok will sich dem atomaren Wettrüsten fernhalten, floppt aber

mit dem auf Jute und Kautschuk basierenden Breitfußmodell »Renate«.
Ich suche nach Sven, dem Fachverkäufer meines Vertrauens. Leider ist er seit Ewigkeiten mit einer Rotte Walker beschäftigt. Ach je, früher war der Ausdauertempel ein exklusives Geschäft für richtige Athleten. Heute regiert auch hier der Breitensport. Irgendwo gibt es bestimmt die batteriebetriebene Lichterkette mit blinkenden Weihnachtsmännern, mit denen unsere schlurfende Waldplage zum Fest die Stöckchen umwickeln kann. Je mehr Klimbim, desto professioneller fühlt sich der Walker. Damit sich sein Spazierengehen nicht ganz so banal anfühlt, wie es nun mal ist, ist der gemeine Wanderschuh rhetorisch zum Manta für die Füße aufgemotzt worden. Was wir für schlichtes Sohlengummi hielten, ist in Wirklichkeit »Duomax«, »Trusstic«, »Ahar«, »SpEva« mit »I.G.S.-Flexkerben« und »Memory Foam«. Und dazu noch eine Einlegesohle namens »Innovative Comfordry«. Eines Tages wird man für diese Schuhe eine Zusatzgebühr zahlen müssen, für die Entsorgung auf dem Sondermüll. Auf das Dosenpfand folgt die Walkschuh-Abgabe.
Irgendwo im Westerwald muss es einen geheimen Bunker geben, in dem Linguisten sitzen, die sich den ganzen Tag Fantasienamen für Plastikteile ausdenken, mit denen man die Stockschleifer hinters Licht führen kann. Je banaler das Schuhwerk, desto komplexer der Name. Was früher Sohle hieß, nennt sich heute »Ground Control System«. Da freut sich Major Tom. »Quick Strike« und »Geofit« hat er zur Sicherheit auch noch und statt ABS sicherheitshalber das »PU-Crashpad« mit »3-Grad-Varus-Keil«. Hilft leider nicht gegen dicke, schlappe Schenkel.
Gleich neben diesen Unwort-des-Jahres-Erfindern hocken die Materialforscher. Ihre Aufgabe: Aus den exotisch benannten bunten Plastikstücken Sohlen zu konstruieren, die wahnsinnig technologisch aussehen, aber nur so lange, bis die drei Probeschritte im Laden absolviert sind. Schon nach dem ersten Tragen müssen Verschleißerscheinungen deutlich sichtbar werden. Des-

wegen werden zum Beispiel kleine farbige Punkte aufgesprüht. Die sind nach spätestens sieben Kilometern abgerubbelt. Und der Walker glaubt nicht nur, schon richtig viel gerackert zu haben, sondern auch, dringend neue Treter zu brauchen. Deswegen ist die Zwischensohle nach einer knappen Stunde Tragens auch so faltig geworden wie die Indianer, die den Schatz im Silbersee bewachen.

Die Sportschuh-Industrie ist der Beweis dafür, dass Marktwirtschaft nicht funktioniert. Der Markt, also ich, fragt Schuhe nach, die halt- und bezahlbar sind und für Walker verboten. Angeboten wird das Gegenteil: Lausig zusammengepresste Schuhe, für die das Zwanzigfache vom Herstellungspreis aufgerufen wird und die jeder anziehen darf. Wie soll man sich denn so abgrenzen gegen die Nicht-Sportler? Ich verlasse den Ausdauertempel, nicht ohne einen letzten mitleidigen Blick auf Sven geworfen zu haben, der irgendeinen Klumpfuss in das neunte Paar Schuhe gezwängt hat.

Zu Hause habe ich noch mal meine Schuhvorräte inspiziert. Von ganz hinten im Schrank habe ich die alten Brüttings hervorgeangelt, Modell »Road Runner«, konstruiert 1970, Rindsvelours mit Fersen- und Ballenbettung. Made in Germany. Die Sohle sieht tipptopp aus. Vielleicht hat der ganze Techno-Schnickschnack am Fuß mit Laufleistung gar nichts zu tun. An den deutschen Jahresbestzeiten jedenfalls kann man nichts erkennen. 1970, als der »Road Runner« hip war, lief der Deutsche Meister Lutz Philipp den Marathon in 2:15 Stunden. 35 Jahre später im »Cesium«-Zeitalter brauchte Ulrich Steidl 2:18 Stunden. Ab sofort werde ich nur noch in den alten Pantinen laufen. An seinen Oldschool-Tretern ist der echte Läufer zu erkennen.

Hallo Achim,
ich bin, was Walker betrifft, völlig Deiner Meinung. Sie haben auf Läuferstrecken nichts zu suchen, sind besser in der Innenstadt aufgehoben, zum Beispiel hier in München in der Neuhauserstraße, der Fußgängerzone zwischen Marienplatz und Stachus. Da können sie prima im Rudel zu einer Schaufenster-Tour unterwegs sein und der Hauptbeschäftigung des Walkens nachgehen, der Kommunikation. Bewegung ist Nebensache, dient nur der Zusammenkunft, wäre auch viel zu anstrengend, der Puls muss ja unten bleiben, damit man sich in der Fettverbrennungszone aufhält. Nun mein eigentliches Anliegen: Ich habe ein Rudel Walkerinnen im Münchner Westpark gesichtet, das ist eigentlich nichts Besonderes. Aber sie hatten Dein T-Shirt »Überhol doch, Angeber« an. Was für eine Schmach.
Rolf

Hallo Achim,
ich hatte bisher auch immer Probleme mit Stockenten. Aber das ist nun vorbei. Habe an der Nordsee Urlaub gemacht, da sind an den Deichen immer wunderbare Schafsgitterroste. Die sind auch für Walker nicht passierbar. Ich konnte auf den Deichen wunderbar joggen!
Jürgen

8. ANGRIFF AUF DEN GEFÜHLSGLETSCHER

Mona Achilles kritisiert ihren laufenden Gatten scharf. Er sei intolerant gegenüber Langsameren. Die Kritik hat der Wunderrenner verarbeitet – zu einem Modell für mehr Laufgerechtigkeit.

Mit ihrem Dritte-Welt-Laden-Gesicht sagte Mona, ich sei ein Lauf-Stalinist. Würde keine Toleranz gegenüber den Schwächeren und Langsameren in unserer Gesellschaft aufbringen, den walkenden Randgruppen zum Beispiel. Über alle würde ich herziehen, giftig und menschenverachtend und zynisch und gemein. Immer zähle nur Leistung für mich, sagte Mona, Ergebnislisten würde ich auswendig lernen und ausschließlich an den gelaufenen Zeiten den Wert eines Individuums bemessen. Die ganze Menschlichkeit bleibe auf der Strecke und vor allem die Freude. Ich sei emotional verkarstet, zu tiefen Gefühlen nicht mehr imstande, Sklave meines Brustgurtes, Gehetzter der Pulsuhr.
Ich verdrückte eine Träne, nahm meine Frau in den Arm und flüsterte ihr ins Ohr: »Du hast völlig recht, Schatz. Wir werden sofort ein Initiativkomitee zur Wahrung der Rechte von Fußkranken gründen: Urwälder, Wale, Walker.« Meine Frau nickte. »Aber Tatsache bleibt, dass Wellness-Trott auf ein Charakterdefizit schließen lässt«, fügte ich grinsend hinzu. Mona schnaubte wie Claudia Roth und stieß mich weg. Sie wollte ein Problemge-

spräch führen, was leider daran scheiterte, dass ich gar kein Problem hatte. Ich fühlte mich wohl als ausdauersportlicher Gefühlsgletscher.

An was kann man denn den Wert eines gesunden mittelalten Menschen besser ablesen als an seiner Laufzeit? Fairerweise muss man allerdings den Quotienten bilden, also die 10-Kilometer-Zeit durchs Alter teilen. Mit 20 Jahren sollte der Wert etwa bei 2 liegen, also 40 Minuten durch 20 Lebensjahre, bis zur Rente darf er sich linear etwa auf 1 entwickeln, also 60 Minuten durch 60 Lenze. Alles, was deutlich darüber liegt, ist indiskutabel, oder etwa nicht? Will man mit einem Menschen gesehen werden, der mit 45 Jahren nicht mehr als einen Quotienten von 2 zu bieten hat? Das wären 90 Minuten auf 10 Kilometer. Indiskutabel. Es gibt Menschen, die schwimmen so schnell. 1:07:30 Stunden ist das Maximum dessen, was sich ein Mittvierziger nach, sagen wir, zwei Jahren Übung über 10 000 Meter erlauben darf, also 1,5.

Was uns stracks zu der delikaten Frage führt, ab welcher Geschwindigkeit Laufen eigentlich Laufen ist. Wer 100 Meter in 10 Sekunden wetzt, schafft 600 Meter die Minute, macht 36 Stundenkilometer. Unsere dunkelhäutigen Marathongewinner brauchen gut zwei Stunden für gut 40 Kilometer, macht 20 Stundenkilometer. Wenn ich mal so richtig den Turbo auf der Bahn zünde und bis zur Bewusstlosigkeit alles gebe, dann sind es vielleicht an einem guten Tag so um die 82 Sekunden auf 400 Meter, macht knapp unter 18 Stundenkilometern. Das heißt, jeder kenianische Bezirksmeister wetzt einen Marathon schneller als ich 400 Meter. Zeit für den Angelschein.

Der Online-Apotheker und Lauf-Guru Peter Greif unterscheidet zwischen Laufen und Joggen mit dem Test über zehn Kilometer. Wer über diese Strecke in einem Wettkampf nicht länger als 40 Minuten braucht, sei Läufer. Der Rest Joggerpack. Bei meinen langen Läufen mache ich an schlechten Tagen schon mal deutlich unter zehn, sagen wir mal 9,3 Stundenkilometer. Manchmal überholen mich sogar ältere Damen in Frotteeanzügen. Wie demütigend. Immerhin lasse ich noch jene putzigen Zeitgenossen mit ihren spitzen Stöcken hinter mir, bei denen nie klar ist, ob sie walken oder Eispapiere aus dem Gebüsch pieken. Das Ärgerliche an diesen untersetzten Witzfiguren ist, dass sie sich umso weniger an das Rechtslaufgebot halten, je langsamer sie sich fortbewegen. Im Grunewald geht es zu wie auf einer deutschen Autobahn. Keiner hält sich an meine Regeln.

Auf vielbelaufenen Strecken sollte man unbedingt Tempozonen einführen. Rechte Spur: alle unter zehn Stundenkilometer, also Walker, die Lastwagen unter den Läufern, die Cordhüte, die aus Prinzip nicht schneller wollen oder können, sowie ökologisch veranlagte Energiesparschleicher, die schnelles Laufen für ein proamerikanisches, also prinzipiell imperialistisches Statement halten. Auf der linken Spur wetzen Angeber, schlanke, leichte Sportwagen oder hochmotorisierte panzerähnliche Geländekarren mit hohem Gewicht, die mir physiognomisch wohl am nächsten kommen.

Einziges Problem: Wer überwacht den Verkehr? Wer stellt Blitzer auf, mit denen Langsamläufer dingfest gemacht werden, die sich verkehrswidrig auf der linken Spur tummeln? Als Kennzeichen könnte man die Startnummer vom letzten Laufwettbewerb nehmen. Als Strafe droht Ersttätern Laufschuhentzug. Im Wiederholungsfall wird Kohlehydratverbot verhängt. Und ganz schwere Fälle müssen für eine Woche ins Trainingslager von Abu Greif.

Lieber Achim,
ich wollte Dir nur mitteilen, wie Deine speziellen Sportsfreunde – die Walker – auf Kinder, zumindest auf meine Tochter (4), wirken. Sie sieht bei uns im Park eine der stöckeschleifenden Gestalten: »Papa, warum hat der Mann da zwei Stöcke? Wahrscheinlich ist der krank oder hatte einen Unfall.« Pause. »Darum kann der auch nicht so schnell laufen wie wir!«
Schönen Gruß aus Kiel,
Tom

Lieber Achim,
haben Sie auch schon mal festgestellt, dass Walker zu den unhöflichsten aller Freizeitsportler gehören? Waldwege werden wie weiland Heerstraßen von mit Stöcken klappernden Walkern verstopft. Eigentlich muss man als Läufer schon in den Graben. Dass sie nicht mal zurückgrüßen, ist aber der eigentliche Gipfel.
Karl

Hallo Herr Achilles,
ich habe eine Nachbarin, eigentlich sehr nett, die sich auf das Stöckeschleifen spezialisiert hat. Nun hat sie allerdings für ein paar Wochen die Walking-Stöcke gegen richtige Krücken getauscht – Ergebnis eines Skiunfalls mit Waden- und Schienbeinbruch.

Um in Form zu bleiben, hinkt sie jeden Tag ein Mal die Straße auf und ab (circa 300 Meter). Aber sie sagt: »Bald walke ich wieder wie ein Wiesel.« Meine Frage: Habe ich was verpasst oder kenne ich mich mit der Fortbewegungsart der Wiesel nicht richtig aus? Und: Wie behandle ich walkende Nachbarinnen? Soll ich die Tipps zum Umgang mit walkenden Ehefrauen einfach übertragen?
Raimund

Hi Achim,
ich bin vor ein paar Wochen den 21-km-Stadtlauf in München bei nahezu 30 Grad Celsius gelaufen. Direkt nach dem Start zum Halbmarathon wurde ein 3-km-Volkswalking gestartet. Ab circa Kilometer 15 standen die ersten Walker(innen) in 10er-Rudeln in kompletter Montur erholt am Wegesrand und riefen uns Läufern folgende Sprüche an den Kopf:
»Lauft nicht so schnell, das ist ungesund!«
»Ihr seid nicht mehr im anaeroben Bereich!«
»Ihr überanstrengt euch, denkt an eure Gelenke!«
Ich musste mich wirklich sehr zusammenreißen, um keinen abwertenden Spruch in deren Richtung zu feuern. Nun habe ich das Problem, dass mein Blutdruck immer noch steigt, wenn ein solches Walker-Rudel meine Laufbahn kreuzt. Was soll ich dagegen unternehmen?
Heiße Läufergrüße,
Nikola

Lieber Achim,
ich denke, dies hier ist durchaus eine wichtige Information für alle Läufer. Ich befürchte, die Nordic Walker planen, die Weltherrschaft an sich zu reißen. Anders kann ich mir zumindest nicht erklären, warum sie sich nun auch noch in die letzte uns gebliebene Zufluchtsstätte – das Sportstadion – einschleichen. Bekanntermaßen heißt das Sportstadion ja so, weil dort Sport betrieben werden soll. Wenn nun aber auch Nordic Walker mit ihren Stöcken den sündhaft teuren Tartanbelag perforieren, muss ich doch annehmen, dass nunmehr die Grundfesten unserer Zivilisation erschüttert sind. Ich persönlich glaube, dass der Nordic Walker versucht, durch das billige Adaptieren unserer Trainingsmethoden (Tempotraining mit Stöcken) der unwissenden Allgemeinheit vorzugaukeln, er betreibe Sport. Gebietet dem Einhalt, kann ich nur rufen. Abgesehen davon fühle ich mich als Steuerzahler des Landes Berlin persönlich angegriffen, wenn jemand mutwillig mit seinen Stöcken die Tartanbahn zerstört.
Sport frei,
Andreas (Berlin-Tiergarten)

9. FIESER SCHMIRGELSCHMERZ

Man mag es kaum glauben, es stimmt aber: Manchmal muss auch der härteste Läufer walken. Selbst der perfekteste Körper hat Schwachstellen – vor allem, wenn das Material versagt.

Von den vielen Konstruktionsfehlern, unter denen die Spezies Frau zu leiden hat, ist einer besonders grausam sichtbar. Vor Jahrmillionen hat dic Natur diese Beulen konstruiert, als Lagerstätte, um Fettreserven zu bunkern. Für die Eiszeit waren sie praktisch, diese Taschen an den Oberschenkeln, gleich unter den Hüftknochen, so wie Extratreibstofftanks an einer Rakete. Leider können Frauen sie nicht abwerfen. Die prächtigsten Exemplare sieht man in Nachmittagsshows (»Wie kriege ich meine Satteltaschen vom Bein ans Fahrrad?«) oder bei Walkerinnen, was ja die gleiche Klientel ist.

Zu mir war die Natur noch grausamer. Denn bei mir sind die Beulen innen angebracht. Man stelle sich Cargohosen mit Taschen am Innenschenkel vor. Ein selten dämlicher Platz. Da sieht man sie zwar nicht so. Aber man fühlt sie, und zwar spätestens nach zwei Kilometern. Wenn der Schöpfer gewollt hätte, dass man sich vor jedem Lauf einen Doppelzentner Vaseline zwischen die Beine schmiert, dann hätte er auch eine Lösung mitgeliefert, wie man die übel riechende Schmiere aus Fett, Haaren, Körpersekreten und Schlimmerem wieder wegbekommt, die sich in jenen privatesten subtropischen Regionen des menschlichen Körpers gerade während eines Sommerlaufs unweigerlich bildet. Monas Mundddusche bietet einen halbwegs funktionierenden Intim-Kärcher. Ich werde das Zeug an die US-Streitkräfte verkaufen, um sie über Feindesland abzuwerfen. Umgedrehte Läuferhosen hauen auch den härtesten Taliban aus dem Kaftan.

Neulich war ich mal wieder zu einem Zweistundenlauf unterwegs. Natürlich hatte ich die Reibefläche zwischen den Oberschenkeln mit reichlich Vaseline gängig gemacht. Am denkbar weitestentfernten Punkt von zu Hause passierte es: »Krrck«, hörte ich, genau im Schritt. Glückwunsch, Asics! Am linken oberen Oberschenkel zeigte sich das teure und nicht mal sehr alte Material ziemlich ermüdet. Kleine schwarze Rubbelchen hatten schon seit Wochen eine textile Hochspannung vermuten lassen. Jetzt klaffte da ein Riss. Egal, dachte ich, frische Luft ist ja untenrum auch mal ganz schön und lief einfach weiter. Aber nur 20 Sekunden. Im Schritt scheuerte es wie Schmirgelpapier. Brannte wie eine Ohrfeige von Mona. Auf der Größe einer 50-Cent-Münze hatte sich meine zartrosa Schenkelhaut blitzartig in blutiges Karmin verwandelt. Feueralarm.

Ich versuchte, den Schenkelkontakt zu minimieren. Aber breitbeinig laufen wie ein gottverdammter Bodybuilder ist ausgesprochen anstrengend. Erste Hilfe auf einer Parkbank. Ein heiles Stück Stoff musste an die Stelle des Lochs. Ich riss den Reißverschluss an der Wade auf und zog das Hosenbein hoch bis übers Knie. Den Rest zerrte ich Richtung Leck. Dummerweise sind die elenden Männerstrumpfhosen auf Maß geschnitten. Nur mit äußerster Gewalt und unter fortgesetztem Knacken im Textil war die Operation zu vollenden.

Ich lief sehr langsam weiter, eigentlich walkte ich. Nur so ließ sich der Schenkelkontakt einigermaßen vermeiden. Ein Bein lang und schwarz, das andere hühnerhäutig weiß, und dann noch im verhaltenen Spazierschritt – hoffentlich sah mich kein Bekannter. Dafür immerhin endlich Entspannung. Aber nicht lange. Kaum

zwei Minuten später war das Elastobein wieder hinabgerutscht. Auf der nächsten Bank riss ich meine Nylons wieder empor. Zwei Spaziergänger taxierten mich aus sicherer Entfernung. Jede Wette, sie hielten mich und meine Parkbank für den einsamsten Transenstrich der Welt. Ich zerrte die Hose hoch und hoffte auf eine Scheuersenkung. Ich walkte weiter. Eine Hand hielt den Stoff. Für Außenstehende konnte es aussehen, als kratzte ich mir unablässig am Gemächt. Nichts lag mir ferner. Aber wie erklärt man das, wenn man nicht mal Spaziergänger einholt?
Mir fiel der Witz ein, den mir Klaus Heinrich neulich erzählte: Wer hat das Walken erfunden? Das waren Hausfrauen aus dem südosteuropäischen Kulturkreis, die ihren Männern extralange Stöcke in die Hände gaben, damit sie endlich aufhörten, sich fortwährend in der unteren Körperhälfte zu lausen. Leider war mir nicht zum Lachen.
Es brannte immer schlimmer. Aber was sollte ich tun? Bis nach Hause walken, durch zivilisierte Wohngebiete? Unmöglich. Spaziergänger um ein Handy bitten und Mona um Abholung anbetteln? Welche Schmach. Einfach stehen bleiben? Und dann? Verhungern? Es gab nur eine Chance. Die S-Bahn-Station Nikolassee, vielleicht zwei Kilometer entfernt. Meine Schutzkonstruktion hatte sich längst wieder aufgelöst.
An der nächsten Bank zog ich die Buxe mit aller Kraft in die Höhe und versuchte, sie gemeinsam mit meiner Unterhose zu einem Wurstknoten zu verdrehen. Ästhetisch kam ich dem deutschen Durchschnitts-Walker ziemlich nah. Die Technik trug über einen knappen Kilometer. Den Rest der Strecke schaffte ich breitbeinig. Auf dem S-Bahnsteig fand ich eine *Zeit*. Tolles Blatt. Keine Ahnung, was drinstand. Aber die Größe war prima. Sie verhüllte meine Blut-, Schweiß- und Tränenstellen.
Mona fing mich auf, als ich nahezu bewusstlos in unsere Wohnung taumelte. »Was ist?«, fragte sie. Ich spreizte die Beine und zeigte ihr wortlos das rohe Fleisch. So besorgt wie in diesem Moment hatte sie mich lange nicht mehr angeschaut.

Tja, die Walker,
vor einiger Zeit hat ein Leser in Achilles' Verse *angemerkt, dass sich die Weicheier von Joggern im Winter verziehen, während nur die tapferen winterfesten Walker übrig bleiben. Erst vor einigen Tagen ist mir jedoch bewusst geworden, wie lange ich schon keinen Walker mehr gesehen habe. Mir kamen immer nur joggende Genossen entgegen. Ich habe mittlerweile recherchiert: Auch die Tageszeit macht keinen Unterschied. Offenbar die Zeit des Winterschlafes.*
Kein Herz für Walker,
Simone

Hallo Achim,
meine Runde verläuft auf dem alten und aktuellen Maindamm in Grafenrheinfeld (Unterfranken, direkt bei Schweinfurt) am Kernkraftwerk vorbei. Vorteile: zum allergrößten Teil ebener Weg, aber weicher Boden. Wenig Verkehr, Nordic Walker habe ich noch nie angetroffen.
Grüße,
Michael

10. NACKTE WALKER UND EIN WILDER WELS

Triathlon ist eine tolle Sache. Leider gehört zum härtesten Sport der Welt auch das Schwimmen. Heimische Raubfische sorgen beim Training im Waldweiher schon für etwas Angst. Echte Panik kommt aber erst auf, wenn ein Trupp enthemmter Walker ins Wasser stürmt.

Der schleimige Klumpen, den die Wellen auf den Sand geschubst haben, könnte ein ehemaliges Käsebrötchen sein. Vielleicht auch Teil einer Pampers. Oder vormaliger Mageninhalt dieser Schwäne, die keine zehn Meter entfernt im Schilf lauern, mit Heimtücke im Knopfauge. Sie werden mich anfallen, sobald ich ins Wasser gehechtet bin.
Es ist kurz vor sieben und menschenleer an der Krummen Lanke, abgesehen von ein paar Walkern, die mit ihren Stöckchen Schlangenlinien in den Waldboden ziehen. Walker sind egal. Die fallen als Zeugen aus. Walker sind die Hirntoten unter den Waldbesuchern. Sie merken rein gar nichts, nicht mal, dass sie normalen Menschen allein durch ihre Anwesenheit auf die Nerven gehen. Hat man jemals gehört, dass ein Walker eine Leiche im Wald fand? Nein, es waren immer Jogger. Walker legen sich wahrscheinlich entkräftet neben eine Leiche und warten auf den Krankenwagen, der sie nach Hause transportiert, liegend natürlich.

Manche Gedanken macht man sich nur, um Zeit zu gewinnen. Zum Beispiel, wenn man in Badehose im Sand steht, sich das Wasser grau und feindselig um die Füße schleicht und nur die unschönen Teile der Nahrungskette wie ein Absperrband vor einem liegen.
Warum um Himmels willen sollte ich da reinspringen? Warum überhaupt schwimmen? Es gibt Boote, Brücken, Uferwege, Jesus. Schwimmen ist die unökonomischste aller Fortbewegungsarten. Maximal anstrengend bei minimalem Vorwärtskommen. Nur Walken ist noch langsamer. Nass und kalt ist es obendrein. Schwimmen ist eine reine Notfallfähigkeit, die man beherrschen sollte für den Fall einer Schiffskatastrophe, aber praktisch nie anwenden muss im richtigen Leben. Es sei denn, man will Triathlet werden, so wie ich.
Bis zu den Waden habe ich mich schon ins Wasser vorgearbeitet. Irgendwas schnappt nach meinen Füßen. Wie war noch die Geschichte mit dem Killerwels, der letzten Sommer einen Pudel vom Ufer in den See gerissen hat? Die Walker am Ufer waren ihm wahrscheinlich zu fett. Und die Schlingpflanzen erst, die da draußen lauern. Man verheddert sich, schlägt um sich, verheddert sich noch mehr und unerbittlich ziehen einen die Pflanzen hinab. Exakt auf diesen Moment wartet der Wels.
Ein Walker-Pärchen hat sein mörderisches Tempo gedrosselt und kommt kichernd hinter mir zum Stehen. Die beiden haben ihre Krückstöcke in den Sand gerammt und reißen sich die Hochtechnologiefasern von den käsigen, schlaffen Leibern. Ein Aroma von altem Iltis hängt plötzlich über dem Morgen. Schlimmer als Walker sind nur nackte Walker. Die beiden Sportskanonen stürzen sich quiekend ins Wasser. Angeber, dämliche. Also gut. Ich zähle leise bis drei. Dann ein paar kraftvolle Schritte, die Arme ausgebreitet und den Johnny Weissmüller gemacht.
Vorsichtshalber beginne ich mit Brustschwimmen. Kraulen ist so eine Sache: Nach sechs bis sieben Zügen bin ich vollständig entkräftet. Und der Weg zur Boje ist weit. Sobald sich mein sensibler

Hochleistungsorganismus an die ungewohnte Umgebung gewöhnt hat, werde ich ein paar Kraulzüge machen. Dann Brust zum Erholen. Dann wieder Kraul. In ein paar Jahren werde ich dank dieser ausgefeilten Methodik 100 Meter am Stück bewältigen können.

Wenn man das Ufer hinter sich gelassen hat, verschwindet der Beigeschmack von Walker-Füßen langsam. Das Wasser wird sauberer. Leider auch kälter. Ich schwimme und schwimme, aber die verdammte Boje kommt keinen Millimeter näher. Vielleicht eine Wanderboje. Ich werde die ersten Kraulzüge machen. Wie war das noch? Dreier-Atmung, wegen der Stabilität, den Arm anwinkeln und unter den Körper drücken, die flache Hand am Oberschenkel entlang aus dem Wasser führen, so als ob man sie aus der Hosentasche zieht.

Verdammt. Zu viel Technik gleichzeitig. Ich schlucke Wasser. Husten. Luftschnappen. Zu Hilfe. Wo bleibt die Deutsche Gesellschaft zur Rettung Schiffbrüchiger? Wozu schmeiße ich mein ganzes Leben lang in jeder Kneipe ein paar Münzen in die Plastikschiffe auf dem Tresen? Ich mache toter Mann. Das Wasser schmeckt merkwürdig. In irgendeinem Berliner See soll seit 60 Jahren ein britisches Jagdflugzeug liegen, samt Pilot. Ich schwimme lieber wieder. Was ist, wenn ausgerechnet heute Morgen der letzte Rest vom Sicherheitsgurt durchgegammelt ist und der arme Kerl direkt unter mir aufsteigt? Ich spüre schon was an meinem Bauch. Da, die Boje.

Auf dem Rückweg mache ich zehn brillante Kraulzüge am Stück. Ich spüre respektable Muskelstränge in den Schultern wachsen. Die Schwäne lauern am Ufer, aber sie haben offenbar Respekt vor meiner kraftvollen Anmut. Ich denke an Hawaii. Wenn das hier 380 Meter waren, dann müsste ich nur noch neunmal hin und zurück. Was kümmern mich die Quallen, Haie und Flugzeugträger im Pazifik. Ich habe nackte Walker und gierige Welse überlebt.

Lieber Achill,
die Walker sind wirklich eine Plage. Noch schlimmer sind allerdings die Walker, bei denen es nicht für die Turbostäbe gereicht hat und deren Walking-Tätigkeit sich nur durch den angestrengten Gesichtsausdruck von einem Spaziergänger unterscheidet.
Gruß, Rolf

Hallo Achim,
Ihre Worte sprechen mir aus dem Herzen, aus den vom Anblick dieser Modeopfer verwirrten Augen und der beleidigten Intelligenz. Ich arbeite mit zwei Bekannten an einer von meiner Freundin auf Glatteis erfundenen kommerzialisierbaren Variante, die wir »Hanseatic Gliding« nennen könnten. Außerdem denken wir über eine Art »Western Circling« nach, bei dem man in Spezialschuhwerk einen Ball an einer Schnur im Kreis umherzieht (je ein Paar Spezialschuhe für jede Richtung). Wir suchen noch Aufschneider aus der Ärzteschaft, die es medizinisch unterfüttern könnten. Sodann werden teure Ausrüstung, Kurse und Lehrvideos konzipiert.
Es grüßt aus Hamburg und freut sich schon auf wohlwollende Kommentare,
Robert

11. DIE MEHRWALKSTEUER MUSS HER

Walker und ihr Wohlfühlgesülze sind die reinste Plage, vor allem, wenn Frohsinnsmaschinen wie Rosi Mittermaier und Christian Neureuther die Stöcke schwingen. Höchste Zeit, dass die Kanzlerin reagiert.

Neulich habe ich zum ersten Mal Walker gesehen, die versucht haben zu laufen. Ungefähr 30 Meter, über einen Parkplatz. Es hatte begonnen zu regnen. Sie wollten nicht nass werden. Es sah etwas ungelenk aus. Walker sind Pechvögel. Als der liebe Gott den Menschen erschuf, unterteilte er ihn in drei Klassen. Die Guten waren jene, die aufrecht und ohne fremde Hilfe laufen konnten. Die weniger Guten erhielten einen Knüppel als Stütze und wurden Golfspieler. Der jämmerliche Rest bekam zwei Stöcke und schlurft seitdem als Nordic Walker durch die Grünflächen. Walker sind die Schöpfungsverlierer. Aber von Barbie gibt es ja auch Fehlpressungen.

Erst kam die Pest, dann die Cholera, schließlich das Walking. Kein Laufwettbewerb geht mehr ohne sie. Dabei sehen Walker mit Startnummern aus wie Dreiräder mit Nummernschild. Inadäquat. Inzwischen lauern sie in der U-Bahn, vorm Kanzleramt und selbst auf dem nächtlichen Heimweg aus dem »Flair«. Zum Glück kann man ihnen ausweichen. Denn Walker sind alles, nur nicht schnell. Der erste Dopingfall beim Walking wird ein ungewöhnlich hoher Valiumwert in der A-Probe sein. Oder eine Betonfüllung im Schuh. Der Walker nimmt ja gern mal das Tempo raus.

Walking ist der Beweis für die Allmacht des Marketings und belegt zugleich die massiven mentalen Probleme von großen Teilen der Bevölkerung. Sie glauben bereitwillig jeden Mist, sogar, wenn eine seit Jahrmillionen selbstverständliche Fortbewegungsart zum Sport erklärt wird. Dafür braucht man vier Zutaten.

Erstens: eine Legende. Angeblich haben skandinavische Langläufer das Walken als Sommertraining für die wenigen schneefreien Wochen des Jahres erfunden. Würde sich ein ernsthafter Langläufer auch nur einen Monat lang fortbewegen wie der deutsche Durchschnitts-Walker, bräuchte er sich bei keinem Rennen mehr blicken zu lassen.

Zweitens: die kühne Behauptung, man nehme ab oder werde fit, unterfüttert vom Mythos der Fettverbrennung. Warum nur sind Walker dann langsam und moppelig? Klar: Fisch schwimmt, Vogel fliegt, Mensch läuft, Walker futtert.

Drittens: professionell aussehende Ausrüstung. Nur was Geld kostet und blinkt, kann gut sein. Also werden Alurohre für wenige Cent zum Turbostock aufgespritzt. Und die Sportartikelhersteller hängen einfach neue Etiketten an ihre alten XXL-Klamotten.

Viertens: immer lecker was zum Spachteln dabei. Dafür gibt es großräumige Trink- und Verpflegungsgürtel, die den Inhalt eines guten halben deutschen Kühlschranks aufnehmen und in anderen Kulturen einer Großfamilie ein mehrwöchiges Auskommen garantieren würden. Aber weil man ja so viel Fett verbrennt, tankt man unterwegs sicherheitshalber ein paar Kalorien nach. Unterzuckerung ist das Trauma jedes Walkers.

Was kommt als Nächstes? Aus welcher Alltagsbeschäftigung lässt sich noch die Illusion von Sport machen? »Dutch Staubsauging« vielleicht. Die Athleten könnten hinter den Walkern sauber machen, Eispapier und Kuchenkrümel aufsaugen und den Strom

dafür durch einen Schuhgenerator erzeugen. Technologisch anspruchsvoll. Oder »Scottish Schaukelstuhling«. Hätte den Vorteil, dass man die Wohnung gar nicht mehr verlassen muss. Ein zusammenklappbarer Sportschaukelstuhl (Einführungssonderpreis 1499 Euro) könnte zum unentbehrlichen Begleiter werden.
Besser noch wären »Latin Lying« und »Cuban Couching«. Die Dösmatte aus Spezialaktivfunktionsfaser gibt es auf Hanfbasis oder aber zum Aufblasen für die anspruchsvolle neue Disziplin »Baltic Blowing«. Dabei, haben Sportwissenschaftler der Universität Letmathe festgestellt, wird die Fettverbrennung angekurbelt wie höchstens noch beim »Western Standing«. Zu klären wäre noch die Ausrüstungsfrage. Vielleicht ein »Standpoint« mit individuell geformten Trittmulden und Gel-Dämpfung, der die massiven Belastungen für die Gelenke reduziert. »Western Standing« lässt sich zudem bei jedem McDonald's-Besuch in der Schlange trainieren und hinterher kombinieren mit »Chinese Shakeholding« in den Gewichtsklassen Schoko, Erdbeer oder Vanille.
Besonders im Trend ist derzeit das »Bavarian Walking«. Zu den Stöcken bekommt der Sportsfreund noch eine Lachspange aus Vollkautschuk, die ihn während der gesamten 18-minütigen Übungseinheit zu einem breiten Grinsen zwingt. Dazu die Handmanschette, die pausenlos den »Alles-supi-Daumen« aufstellt. Und schon sieht der Athlet aus wie Rosi Mittermaier oder Christian Neureuther. Wie nur kann man diesem Walk-Wahn Einhalt gebieten? Es ist an der Zeit, dass die Bundesregierung eine Mehrwalksteuer einführt.

Hallo Achim,
ich fordere bereits seit Langem eine strenge (straf-) gesetzliche Regelung zur Unterbindung dieses Phänomens. Übergewichtige Menschen – garniert mit zwei modifizierten Skistöcken, einer Mütze und einem Verpflegungsgürtel, dessen Inhalt ausreicht, die Bewohner der Sahelzone zwei Wochen zu ernähren –, die versuchen, sich sportlich zu betätigen (meistens im Hochsommer), spotten jeder Beschreibung. Spätestens zu Weihnachten kommt das Zeug dann neben die Inlineskater in den Keller. Abnehmen kann man dann ja wieder im nächsten Sommer, mit einer neuen blödsinnigen Trendsportart.
Mit freundlichen Grüßen,
Winfried

Lieber Achim,
die rudernden Humpelstöcke sind ein Graus. Es gilt, jeder blamiert sich, so gut er kann, und das gelingt den Nordic Walkern überaus großartig. Es gibt keine ausgeprägtere Art, sich selbst der Lächerlichkeit preiszugeben, als mit Stöcken voranzustürmen.
Christian

12. WALKER SIND TIERQUÄLER

Bald wird es eng im Wald. Denn der Walker mag sich nicht länger quälen und spannt jetzt sogar schon Zugtiere an. Der Deutsche Tierschutzbund muss eingreifen.

Neulich rief Monas Vetter Kurt an. Kurt ist dick, alleinstehend, Medienpädagoge, Hundefreund und Walker. Zwei schlecht erzogene Schnauzer teilen Waldweg und Zweiraumwohnung mit ihm. Kurt wollte einen Rat von mir. »Du kennst dich doch so gut mit Sport aus«, sagte er am Telefon. Kurt ist ein Idiot, aber manchmal hat er ausnahmsweise recht. Er betrachtet mich als ausdauersportliche Autorität, schon weil ich einen halben Doppelzentner weniger wiege als er und laufe, anstatt zu schleichen. Kurt hat ein massives Materialproblem. Er ist einer dieser Individualisten, die es für unnötig halten, sich bei einem der gängigen Ausrüster einzukleiden. Kurt hat sich zum Beispiel seine erste Walking-Verkleidung selbst gebastelt. In einen mottenzerfressenen Flokati hat er, schnipp schnapp, ein Loch geschnitten und fertig war die atmungspassive Winterweste. Mit der lila Jogginghose und den Baumwolltretern, an denen noch der Lehm von Woodstock klebt, sieht er aus wie Catweazle und passt insofern ganz gut in den herbstlichen Grunewald. Tschätschä. Leider kommt Kurt immer wieder raus. Und ruft umgehend bei uns an, um zu berichten von einem total tollen Naturerlebnis, viel intensiver als bei diesen Läufern, die immer nur vor sich hin stieren und hecheln. »Ja, ja, Kurti«, sage ich dann und gebe Mona den Hörer.

Wenn Walking-Stöcke sprechen könnten, dann würden Kurts Paare heulen. Zwei hat er schon ruiniert. Die ersten hatte er in seinem Keller gefunden; sie gehörten zu einem Paar Skier, das sich mal in Ötzis Besitz befunden haben muss. Als Kurti die Dinger mit seiner Urgewalt in den Asphalt zu rammen versuchte, splitterten sie weg.

Das zweite Paar hatte er zusammen mit einem Wellness-Set erworben, als Sonderangebot bei einem Kaffeeröster. Dazu gab es die leger geschnittene Wellness-Hose mit Thermoinnenfutter aus Kuschelfleece, die auch als Zweimannzelt durchgehen würde, und die dazugehörige Wellness-Jacke in trendy Streetfight-Optik. Seither sieht Kurti noch bizarrer aus. Auch diese Walking-Stöcke waren allerdings nicht für Flusspferde ausgelegt. Als Kurt seine Doppelzentner beim ersten Stretching auf die Aluprügel stützte, ergab sich das weise Material ächzend. Dass es bei etwas Überflüssigem wie Walking-Stöcken tatsächlich zu Verschleiß kommen würde, glaubte bislang kein Mensch.

Am Telefon druckste Kurt herum, weil er ahnte, dass ich ihn verspotten würde. Kurti gehört zu jener Sorte Menschen, die glauben, dass man sein Leben lang spachteln und sich die Fitness bei Bedarf einfach dazukaufen kann. Immer mal wieder sage ich: »Kurti, friss einfach weniger und beweg dich mehr.« Aber er versucht es mit der gegenteiligen Strategie. Sport fand er nur gut, solange dieser nichts mit Bewegung zu tun hatte. Marketing-Lurche lieben Kurt, denn er ist einer dieser Idioten, die jeden Trend als Erste mitmachen.

Kurt besitzt alle Fitnessgeräte, die jemals auf einem Verkaufskanal im deutschen Fernsehen zu bestellen waren. Bauch-weg-Roller, Rudermaschinen, Langlauf-Simulatoren, alles. Er hat von seinen Nachbarn bereits zwei Kellerräume dazugemietet, wo er Ausstellungsstücke hortet für ein künftiges Museum nutzloser

Lowtech-Maschinen, manche noch originalverpackt. Für sein Jahresbudget, das er im Versandhandel verpulvert, könnte Kurt im edelsten Sportgeschäft der Hauptstadt eine erstklassige Laufausrüstung erstehen inklusive Schuhen mit einem iPod für jede Zehe.
Endlich rückte er mit seinem Ansinnen heraus. »Achim, ich habe da was ganz Neues entdeckt«, stammelte er. »Ernsthaftes Training womöglich?«, fragte ich gelangweilt. »Nein, nein«, sagte er, »was ganz, ganz anderes: ein Walking-Erlebnis – mit Huskys. Das würde sogar dir gefallen.«
Ich schwieg erschrocken, was Kurt die Chance gab auszuholen. Im Internet hatte er ein unglaubliches Angebot entdeckt. Zum Sonderpreis von 59 Euro können Walker sich von einem Schlittenhund zwei Stunden durch die Botanik ziehen lassen. Das arme Tier wird dazu in ein Geschirr gespannt, das wiederum per Leine am Trink- und Verpflegungsgurt des Walkers eingehängt wird. »Sehr gelenkschonend«, konstatierte Kurti. »Wenn du Rollschuhe anziehst, schonen Hund und Herr ihre Gelenke noch besser«, riet ich ihm, nachdem die spontane Kurzdepression und der nachfolgende Lachkrampf abgeklungen waren. »Du findest Husky-Walking also nicht gut?«, schloss Kurt messerscharf. »Doch, doch«, erwiderte ich. »Der Köter ist topfit hinterher.«

*Hallo Achim,
ist Dir bei Walkern eigentlich dieser Gesichtsausdruck aufgefallen? Die gucken alle gleich. Ertappttrotzig. Besserwisserisch-ertappt-trotzig. Angestrengt-tun-besserwisserisch-ertappt-trotzig. Du weißt sicher, was ich meine.
Grüße aus Hamburg,
Timo*

*Hallo Achim,
ich frage mich, warum Du Deine Mitläufer mit einem T-Shirt »Kein Herz für Walker« in den Tod treiben möchtest? Ich bin zwar Deiner Meinung, aber Walker sind schwer bewaffnet und im Rudel noch dazu. Ich kann zwar schneller laufen, aber dafür muss ich erst an denen vorbei (was sich ohnehin schon schwierig genug gestaltet, die rollen ja grundsätzlich nebeneinander). Selbst wenn aufgrund der grobmotorischen Angriffe nicht jeder Hieb eines Nordic Walkers trifft, so können einem die Superkarbonstöcke üble Verletzungen zufügen. Zu irgendetwas müssen die Dinger ja taugen.
Dieter*

13. BETET FÜR DIE FEHLGELEITETEN

Hohe Feiertage wie Ostern, Pfingsten und Weihnachten sind ein Fest für jeden Läufer. Wenn die Kirchenglocken läuten, ist endlich ausgiebiges Training möglich. Aber es sind auch Stunden der Besinnung, in denen unser ganzes Mitgefühl den armen Menschen am Stock gilt.

Nicht mal an Ostern hat man seine Ruhe. Heerscharen heidnischer Walker unterwegs, schon früh am Morgen. Gibt es eine Möglichkeit, die Menschheit von dieser Geißel des Waldwegs zu befreien? Aber ja. Wir Läufer müssen predigen, sie bekehren, ihren Glauben stärken, das Vertrauen in die Kraft ihrer großen weichen Schenkel: Ja, Walker, stehet auf von den Bierbänken am Seecafé, werft die Stöcke weg und setzt ganz ohne fremde Hilfe einen Fuß vor den anderen. Und noch einen. Etwas schneller. Ja, sehr gut.

Das nennt man Laufen, was ihr da jetzt zum ersten Mal in eurem Leben versucht. Macht doch Spaß, oder? Ihr seht: Es geht. Jeder kann es schaffen. Sogar ihr.

Und wenn ihr tapfer seid und immer fleißig übt, statt noch mehr Torte zu verdrücken, dann wird es schneller gehen, immer schneller. Und eines Tages wird ein Wunder geschehen und ihr werdet richtig rennen. Es ist wie Fliegen. So schnell. So schön. So anmutig. Schnallt eure Trinkgürtel ab und kommt zu uns, den Wahren,

den Guten, den echten Sportlern. Seid Teil der Weltreligion Jogging. Betet zu Johannes, dem Läufer.
Ist doch wahr. Unser Laufsport braucht mehr Pathos, mehr Hingabe, mehr Glauben. Laufen ist wie Gottesdienst, auch immer am Sonntagmorgen. Die Amtskirche hat das Potenzial nur noch nicht entdeckt. Seit Jahrzehnten beschweren sich die Schwarzkittel darüber, dass ihre zerrungsfördernden Holzbänke kalt bleiben, ohne zu merken, dass genau an jenem Sonntag, als die Kirchen plötzlich leer waren, die Kundschaft draußen einer Ersatzreligion frönte: Die Joggingwelle hatte begonnen. Plötzlich liefen die Menschen am Sonntag um die Kirche herum anstatt hinein.
Statt sich passiv unterhalten zu lassen, hatten die Bürger den Individualismus entdeckt und vergnügten sich selbst. So wurde aus dem Kirchgang ein Waldlauf, aus dem Evangelium ein Trainingsplan und aus dem Vaterunser ein Wadenkrampf. Seither sind Millionen Menschen übergelaufen. Sie sind deswegen nicht weniger gläubig, im Gegenteil: Sie sind religiöse Fanatiker. Als Rosenkranz tragen sie den Brustgurt zur Herzfrequenzmessung, ihre Bibel heißt *Runner's World*, statt Hostien und Wein lassen sie Isostar und Powerbar auf der Zunge zergehen, ihre Götzen heißen Steffny, Dimeo, Wessinghage oder Karraß.
Weltreligion Laufen. Tibetische Lamas laufen, dicke Amis und dünne Afrikaner, Inder, die schon 100 sind und jede Menge Muslime. In Laufschuhen sind alle gleich, ausgesprochen friedfertig, vor allem nach 20 Kilometern, und sie können sich auf den maskulinen Minimalkonsens verständigen, dass Frauen nur laufen sollten, wenn sie Männer nicht überholen. Dschihad gibt es höchstens auf den letzten Metern des Marathons. Dann fließt Blut. Aber nur aus dem Schuh, von den wunden Hackfleischzehen.
Gerade an christlichen Feiertagen ist aber auch der Moment des Missionierens gekommen. Lasset die Walkerlein zu uns kommen und sie teilhaben an der süßen Qual der langen Strecke. Unser

Kreuzweg ist 42 Kilometer lang. Er führt zwar nicht durch den Staub Jerusalems, aber dafür, viel schlimmer, durch die hinterletzte Kleinstadt. Statt Holzkreuz tragen wir ab Kilometer 30 noch viel schwerer an dem Mann mit dem Hammer im Nacken. Und die Dornen brennen nicht auf dem Kopf, sondern zwischen den Oberschenkeln, wenn wir mal wieder an der Vaseline gespart haben. Die besonders gläubigen Büßer bluten aus den Brustwarzen. Dafür ist die Fastenzeit aufs ganze Jahr ausgedehnt. Und die Buße auch. Das muss doch jeden fehlgeleiteten Stock-Jünger überzeugen.

Lieber Achim Achilles, liebes Achilles-Team, auch wenn ich mich dem allgemeinen Walker-Bashing gerne anschließe, möchte ich an dieser Stelle auch mal was zur Ehrenrettung dieser Spezies berichten. Ich war Anfang dieser Woche ausnahmsweise mal als Spaziergänger im Kölner Grüngürtel, etwas abseits meiner üblichen Laufstrecke unterwegs. Bei mir heißt Spazierengehen circa 6,5 Kilometer pro Stunde; also nicht ganz langsam. Mittendrin wurde ich von einer Walkerin überholt – und zwar so, dass ich mich fast ein wenig erschrocken habe. Man stelle sich das vor: kein weithin hörbares Stockschleifen, kein Geschnatter, kein Von-der-Straße-Drängeln. Sie zog einfach an mir vorbei (und das ziemlich flott) – und dann kam der zweite Schock: keine grellbunten Klamotten, kein Trinkgürtel, keine Powerriegel, keine Mucke, keine beifallheischenden Blicke. Und nicht zuletzt: Die Frau ist nicht nur stramm gelaufen, sondern auch noch so, dass es richtig ästhetisch aussah! Das war meine erste Begegnung mit dieser Art in zwei Jahren regelmäßigen Lauftrainings.
Thomas aus Köln

14. ZUCKERWASSER MARSCH

Das verlässlichste Indiz, um Sportler von Walkern zu unterscheiden, ist das mitgeführte Trinkgut. Wer seinen Beinen vertraut, hält auch im Sommer eine Stunde ohne Flüssigkeitszufuhr aus. Für die anderen bedeutet Bewegung an frischer Luft vor allem die Chance, ungehemmt ein paar flüssige Kalorien nachzuladen.

Mein Vater hat immer gesagt, dass zu viel Flüssigkeit ungesund ist. »Trink nicht immer, dann schwitzt du auch nicht«, lautete eine seiner ewigen Weisheiten. Trinken war ein Zeichen von Schwäche. Und Urin nur dann gut, wenn seine Farbe mit dem tiefen Goldorange der untergehenden Sonne konkurrieren konnte. Meine Mutter stellte jedes Jahr bei der Urlaubsfahrt nach Italien einsame Rekorde in der Ausdauerdisziplin Harnverhalten auf. Sie traute sich nicht zu sagen, dass sie gern auf dem nächsten Parkplatz halten würde, um mal eben ganz schnell, nur ganz kurz. Sie fürchtete das gestöhnte »Schon wieder!« des pilotierenden Familienoberhauptes, das einer festen Marschtabelle folgte, über Jahre hinweg auf Staufreiheit hin optimiert. Der Urlaub galt nur dann als gelungen, wenn wir exakt in dem von ihm ausgerechneten Idealslot zwischen 18.30 und 19 Uhr den Brenner passierten.
Mona ist eine moderne Frau. Wenn wir nach Italien fahren, hat sie drei Flaschen Evian im Fußraum. Vorwärtsverteidigung für

den Bikinikrieg am Strand. Wasser soll ja sogar aus Schildkröten Models machen. Claudia Schiffer und Naomi Campbell versichern jeder Frauenzeitschrift, dass das einzige Geheimnis ihrer Schönheit darin bestehe, mindestens drei Liter Wasser zu trinken, am Tag. Völlig automatisch hebt Mona jede Minute einmal die Flasche, schraubt den Deckel ab, nippt, verschraubt, stellt ab, hebt an, schraubt auf, nippt, schraubt zu. Ritualverhalten – wie die zerzauste Löwin, die lange Jahre in einem engen Zoogehege zugebracht hat und immer am Zaun auf und ab tapst.
Mona lässt keinen Parkplatz aus. Deswegen brauchen wir heute auch genauso lange nach Italien wie vor 35 Jahren. Kennzeichen unserer Zivilisation ist nicht Tempo und Technik, sondern Flüssigkeitsumsatz. »Dehydrieren ist lebensgefährlich«, warnt Mona. Kommt auf der Liste der postmodernen Lebensrisiken gleich nach Gefrierbrand und VPL, der »visible panty line«, jenem sichtbaren Eindruck, den schlecht geschnittene Unterwäsche mit engen Bündchen in mäßig trainiertem Bindegewebe unter Hosen und Röcken erzeugt. Aber dagegen hilft viel Wasser bestimmt auch. Also trägt jede Frau heute in Handtasche, Rucksack oder gleich in der Hand eine Flasche Wasser spazieren, wegen der Schönheit. Im Ernst: Drei Liter trinken, das geht nur mit Bier. Dann kann ich aber nicht mehr laufen.
Gefährde ich Menschenleben, weil ich finde, dass man nicht nur Autofahren, sondern sogar einen 90-Minuten-Lauf bei mitteleuropäischen Temperaturen ohne Flüssigkeitszufuhr bewältigen kann? »Du musst was trinken«, ermahnt mich Mona. Unsinn. Früher haben wir ganze Nachmittage im Hochsommer völlig ausgetrocknet gekickt und hingen bestenfalls mal am Wasserhahn vom Gewächshaus, bis uns der Gärtner weggejagt hat. Offenbar habe ich jahrelang mit meinem Leben gespielt.
Ich sage zu Mona, sie soll mal einem Massai, der jeden Tag zwei Stunden bei respektablen Temperaturen zu einem verschlammten Wasserloch marschiert und mit einem vollen Krug auf dem Kopf zwei Stunden zurück, erklären, warum er des Todes ist,

wenn er nicht drei Liter französischen Alpenquellwassers konsumiert oder bunte Iso-Brause für drei Euro den Liter. Er würde lächeln, federnd davonlaufen und dabei noch besser aussehen als Naomi. »Das ist was anderes«, sagt Mona.

Kein Hausfrauenproblem ist gaga genug, als dass es nicht erst Läufer zu einem der ihren machen würden und später dann der Walker. Nun also Trinkwahn. Der Freizeitsportler übersteht nicht mal mehr die Autofahrt zum Walker-Treff ohne kohlehydratangereicherten Vogesenfelsquellgletschertrank. Und hinterher erst: Da reißen sie die Kofferräume auf und pressen flüssige Klebe in den trainingswunden Magen, weil die Mitochondrien ja genau in diesem Moment ganz besonders viel Glykogen speichern. Zuckerwasser marsch.

So oder so ähnlich stand es jedenfalls in der Stöckchenzieherfibel von Rosi Mittermaier. Wo aber sollen sie es speichern, wenn man den Vorräten nicht mal die Chance gegeben hat, sich zu verflüchtigen? Respekt für alle, die danach nicht den Wald vollreihern.

Trinken beim Bewegen ist schon ästhetisch ein Problem. Mindestens die Hälfte geht daneben. Und wenn Calcium, Magnesium oder sonst welche gelösten Gesteinsarten im Getränk schwappen, sieht die Läuferbrust aus wie ein Schlabberlatz. Der Rest klebt auf den Beinen. An den paar Tropfen, die im Mund landen, verschluckt man sich obendrein. Und spuckt das Doppelte der eingenommenen Flüssigkeit aus. Da werden die schönen neuen Walking-Handschuhe ja ganz dreckig.

Mitgeführte Trinkbehälter sind wie Walking-Stöcke. Sie dienen nicht dem Sport, sondern den Mitmenschen als untrügliches Signal: Achtung, hier wird sich total professionell angestrengt. Anfänger legen den Hüftgurt an, der die Dreiviertelliterflasche über dem Steiß wippen lässt und nach spätestens einer Viertelstunde tief ins Bauchfleisch schneidet. Freaks tragen den Trinkrucksack Camelpak. Echte Mädchen schließlich schnallen den Nuckelflaschengürtel um. Django trug noch gekreuzte Patronengurte, der Dehydrierungsphobiker dagegen hängt sich zehn Fläschchen in

transparentem Kunststoff um, die nach mobiler Apotheke aussehen, eher noch aber nach einer Schützenbruderration »Kleiner Feigling«.
Da tanzen dann gelbe, grüne, rote und blaue Zaubertränke auf der Speckschürze, damit die Sportsfreunde auch sehen, dass man eine halbe Stunde in der Küche stand, um Kick-Starter mit Aminokonzentrat, Carbo-Power mit Guarana und Power-Boost mit Putenaroma anzurühren. In Wirklichkeit sind Flaschenläufer einfach nur Uschis. Und das gilt so lange, bis der erste Marathonsieger mit Buddelgürtel durchs Ziel läuft.

Hallo Achim,
ich habe vor einigen Wochen mal wieder das Rauchen eingestellt und dafür das Laufen wieder begonnen. Leider wird mir die Ausübung des Laufsports sehr erschwert, denn wohin das Auge blickt: Walker. Ich habe vor meiner Haustür ein altes Stadion mit einer Tartanbahn, welche ich in der Woche gern mal unter die Schuhe nehme. Nehmen würde. Nahm. Denn wenn ich abends auf die Bahn komme, tummeln sich dort bereits bestockte Presswürste, die nichts Besseres zu tun haben, als nebeneinander über die Bahn zu schleichen. Um diese bewegungsfreien Stockhalter zu überholen, muss ich mich regelmäßig ganz rechts vorbeischummeln, Ausflüge in die rettende umrandende Botanik mit eingeschlossen.
Meine Fragen:

1. *Ist es der gewöhnlichen Standpresswurst überhaupt erlaubt, öffentliche Tartanbahnen zu betreten?*
2. *Wie viele Stockschwinger dürfen höchstens gleichzeitig auf einer öffentlichen Tartanbahn herumstehen?*
3. *Gibt es eine Regelung bezüglich der Anordnung (hinter-, neben- oder übereinander) der Presswürste auf der Tartanbahn im Rudelfall (also immer)?*
4. *Ist es überhaupt erlaubt, mit Stöcken auf einer Tartanbahn zu hantieren?*

Inzwischen laufe ich im Fahrradkeller auf einem geliehenen Laufband.
Gruß, Rolf

Sehr geehrter Herr Achilles,
als ich neulich an der Elbe entlangrannte, walkten vor mir zwei zarte 140-Kilo-Rehe. Auf einmal brach eine der beiden schnaubend über ihren Designerstöcken zusammen und schrie ihrer weiterwalkenden Freundin hinterher: »Heike, meine Cola ist schon wieder alle!« Als ich ein wenig versetzt neben ihr mit Lachkrampf zum Stehen kam, verging mir selbiger sofort. Ein wütender, durchdringender Blick zerfetzte mich förmlich. So entschloss ich mich, schleunigst weiterzurennen, um nicht aus ihr einen Terroristen mit Blut am Stock zu machen.
Viele Grüße,
Christoph

Hallo Achim,
Du machst Dich ja immer wieder lustig über die Walker. Aber ich muss feststellen, dass Jogger eigentlich auch nur verkappte Walker sind. Ich, als unterbegabter Kreisliga-Fußballer, gehe montags immer zur Erholung joggen und überhole dabei noch mindestens 95 Prozent aller Jogger. Außerdem ist mir aufgefallen, dass, sobald es nicht mehr 25 Grad heiß ist, alle Jogger bereits mit langer Hose, dickem Pulli und Wollmütze rumlaufen. Dass ich noch keinen mit Handschuhen gesehen habe, ist das eigentlich Verwunderliche. Aber vermutlich sind Jogger nur warmgespülte Walker und die Fußballer die wahren Könige der Evolution!
Ralle

15.
UNTER WALKERN – EIN GNADENLOSER SELBSTVERSUCH

Wenn eine Verletzung den Marathonstart gefährdet, gibt es nur zwei Möglichkeiten: Entweder absagen oder sich im hinteren Drittel mit den langsamsten der Lahmen bewegen. Ein Selbsterfahrungsbericht von der Nachhut.

Ich traf Peter ungefähr bei Kilometer 25. Er marschierte und guckte grimmig. Seine Marathonbestzeit lag bei vier Stunden und sechs Minuten. Aber heute walkte er nur. Was ist los, Peter? »Der Kreislauf«, erklärte er. Sieger Julio Rey war seit einer guten Stunde im Ziel. Peter wäre gern ein großer Marathoni. Um zumindest seine Frau in diesem Glauben zu belassen, hatte er eine schlaue Taktik entwickelt.

Immer, wenn eine größere Zuschauermenge zu sehen war, zwang er sich zu stolzem Trab, den er noch anzog, wenn er wusste, dass seine Gattin am Straßenrand harrte. In der City Nord stand allerdings kein Mensch. Wir konnten unbeobachtet spazieren. Für Peter eine reine Vorsichtsmaßnahme. Ein Freund hatte vor zwei Jahren den Berlin-Marathon in sechs Stunden absolviert und war noch vor der Heimfahrt am Herzinfarkt gestorben. »Muss ja nicht sein«, sagte Peter.

Mir ging es ähnlich. Eine lästige Hüftverletzung, der auch ein halbes Dutzend sogenannter Spezialisten nicht auf die Spur kam, hatte meine akribische Vorbereitung torpediert. Wenn ich schon nicht gewinnen würde, dann wollte ich wenigstens Letzter werden. Ich betrachtete meinen Start als soziopsychologisches Experiment: Wie würde ich seelisch im Heer dicker Schlappwalker bestehen? Was würde der Zwang zur Langsamkeit meiner Psyche abfordern? Und was passiert eigentlich dahinten im dicken Block der Antisportler?

Die Prioritäten in der zweiten Hälfte des Marathonfeldes sind völlig andere als vorne bei den Angebern. Die bolzen schon an der Startlinie um jede Sekunde und sind todunglücklich, wenn sie ihre Bestzeit um drei Hundertstel verfehlen. Hinten lautet die Parole: Ankommen, irgendwie. Aber ohne zu laufen. Das sollte kein Problem sein. Von 9 bis 15.20 Uhr ist das Ziel geöffnet, damit auch die letzten Schlappschwänze noch mit einer Medaille belohnt werden können, die sie eigentlich gar nicht verdient haben. So mancher City-Marathon besteht inzwischen eher aus Walkern denn aus Läufern. Selbst mit einem Wandertempo von deutlich unter sieben Stundenkilometern ist der Marathon zu schaffen. Mit der Kombination aus Marschieren und Show-Trab kommt Peter locker bei 5 Stunden 30 ins Ziel.

Bei Kilometer 30 lasse ich ihn ziehen. Ich habe eine freie Massageliege erspäht. Wenn die Zeit egal ist, muss die gestresste Psyche mit Genuss gepflegt werden. Masseurin Gesa will Physiotherapeutin werden und muss an meinen Beinen üben, wo bei ihr die Ekelschwelle liegt. Denn wer am Ende des Feldes die Verpflegungsstationen passiert, an dem klebt kniehoch eine klebrige Masse aus Bananenbrei, aufgelösten Pappbechern, Kohlehydratgel und Iso-Drink. »Nächstes Jahr rasier ich mich«, sage ich galant. Gesa lächelt. »Behaarte Männerbeine bin ich gewohnt«, sagt sie mit einer Stimme wie Engelshaar. Umgehend bin ich ihr verfallen. »Deine Beine sind wieder prima«, sagt sie viel zu bald, »tolles Bindegewebe übrigens.« Ich würde gern noch bleiben. »Meine Schulter ist auch verspannt«, quengele ich. Gesa gibt mir einen Klaps: »Alles Gute.«

Ach, was sind wir alle nett hier hinten. Mit kleinen netten Gesten sucht der Marathon-Walker zu betonen, dass es ihm nicht um kalte Leistung, sondern um das Zwischenmenschliche geht. Man sagt »Danke« und »Bitte«, falls es tatsächlich mal zu einem Überholvorgang kommen sollte, und wirft die leeren Pappbecher in den Müll. Wenn der Hunger quält, muss man nicht die Matschbananen herunterwürgen, die schmerzfreie Betreuer in Einmal-Handschuhen bereit halten, sondern holt sich beim Hanse-Bäcker zwei Mandarinencremeschnitten und eine Dose Cola oder gleich ein Brett Fritten rot-weiß.

Gesa geht mir nicht aus dem Kopf. Vielleicht hat sie eine Schwester. Voller Hoffnung biege ich bei Kilometer 35 in die nächste Massagegasse. Der Diensthabende brüllt: »Kundschaft!« Zwei stämmige Herren trotteten heran. »Marathon ist für Bekloppte«, sagte der eine. »Ich laufe höchstens 500 Meter zur Tanke, Bier holen.« Er kommt aus der Ukraine und greift in meine Wade, als wolle er eine Bulette daraus formen. Linksbeinig arbeitete ein junger Pole aus Danzig. Meine Laufwerkzeuge sind ihnen völlig egal. Sie redeten über Klitschkos Sieg. Ich will Gesa. Neben mir kommt Horst zu liegen. Er trägt grüne Klebestreifen auf beiden Oberschenkeln, in jenen großflächigen Maori-Mustern, die auch den tumb Tätowierten zieren. »Von meinem Arzt«, erklärte Horst stolz, »soll die Durchblutung fördern.« Ein überzeugendes Hilfsmittel, wenn man nach fünf Stunden immer noch sieben Kilometer vorm Ziel ist.

Am Eppendorfer Baum spielen Kinder auf den gesperrten Straßen. Anwohner klappen ihre Campingtische zusammen und räumen die Proseccoflaschen weg. Die Feuerwehrleute fegen schon mal. Ist es aufbauend oder entwürdigend, wenn einem zum hundertsten Mal ein angetrunkener Teenie goldbierschwenkend »Ey Alder, du schaffsas« ins Ohr brüllt? Mona wartet mit Käsebrötchen auf mich.

Einen Vorteil hat der Wellness-Walk-Marathon ja: Die Beine fühlen sich famos an, besser als nach dem kleinsten Tempotraining. Was allerdings auch den Verdacht nahelegt, dass diese Übungseinheit trotz ihrer Dauer ziemlich wirkungslos bleiben wird.

Blaulicht verheißt die Schlusseskorte: Polizei- und Krankenwagen nahen hinter mir. Endlich, genug getrödelt. Ich bin Letzter. Ich hauche Mona einen Kuss über das rot-weiße Flatterband und geselle mich zu Michael, Christian und Gesine. Wir schlendern über die Rothenbaumchaussee. »Bitte Tempo halten«, befiehlt der Hauptkommissar mit lässig aus dem Autofenster gehängtem Arm. Welches Tempo?
Christian wird von seiner Tochter mit dem Fahrrad verfolgt. Um Schritt zu halten, muss die Kleine so langsam fahren, dass sie fast umfällt. Begleitung bedeutet eigentlich Disqualifikation. Aber wir Sportsfreunde sind ja nicht so. Gesine aus Lüneburg will sich mit einem längeren Dixie-Aufenthalt noch mal ganz ans Ende befördern. Aber ich durchschaue das Spiel und warte. Die Polizei hupt. Nun hetzt mal nicht. Wir sind Walker, keine Sportler.
Im Zieleinlauf versucht Gesine ihren letzten Trick. Sie lässt sich ihre beiden Töchter über die Absperrung reichen. Aber Familienmensch Achilles schaltet rechtzeitig, ergreift die Hand einer der Kleinen und zieht die drei in einer Linie über den Zielstrich. »Als Letzte kommt eine ganze Familie ins Ziel«, krakeelt der Sprecher.
Geschafft. Letzter. Punktlandung. Genau 15.20 Uhr. Jetzt wollten die Veranstalter das Ziel schließen. Das hatten sie jedenfalls angekündigt. Doch es war eine Lüge. Beim Marathon der Herzen wird auf alle gewartet, sogar die hinter der Blaulicht-Eskorte. Die zahlende Kundschaft darf nicht vergrault werden, damit sie auch nächstes Mal wieder mitschleicht. Fünf Athleten schlurfen noch durchs Ziel, volle zwölf Minuten nach uns der Allerletzte. Immerhin darauf ist bei Walkern Verlass: Man ist nie Letzter. Irgendeiner liegt immer noch hinter einem.

Hallo Achim,
seit einiger Zeit lebe ich in Melbourne. Australien scheint ein Land zu sein, in dem tatsächlich viele Sportbegeisterte leben, die allerdings vor allem zugucken. Ich sehe hier jedenfalls kaum jemanden laufen. Obwohl Kricket sehr beliebt ist, möchte ich Herumstehen und möglicherweise mal einen Ball fangen nicht als ernsthafte sportliche Aktivität bezeichnen. Dem einen oder anderen Bürger scheint aber inzwischen klar geworden zu sein, dass Fett allein auch nicht glücklich macht. So tummeln sich hier mitunter bereits einige WalkerInnen. Erfreulicherweise hat der deutsche Kaffeeröster es aber offensichtlich noch nicht geschafft, die Stöcke hier unten zu etablieren, weshalb das Walken eher einer Trockenübung zum Brustschwimmen oder Kraulen ähnelt als dem aus deutschen Wäldern bekannten Rudern. Gefährlich ist es aber dennoch – nach wenigen Minuten des Walkens ballen sich die Hände zur Faust. Wahrscheinlich aufgrund von Schmerzen in den Waden, oder so. Diese Faust abzubekommen, weil vor Erschöpfung die Koordination nicht mehr möglich ist, kann sich schnell als sehr schmerzhaft herausstellen. Immerhin versucht diese Spezies, dem überholenden Läufer auszuweichen, und entschuldigt sich für das Slalomlaufen – das war mir aus deutschen Wäldern nicht bekannt.
Nach Deutschland grüßt
Dieter

Lieber Achim,
ich kenne Dein Verhältnis zu Walkern, sie rangieren wohl noch hinter Hunden. Da ich schon seit Jahren nicht mehr in Deutschland war, nahm ich an, dass Du manchmal ein ganz klein wenig übertreibst. Aber letzte Woche in der Nähe von Berlin begegnete ich einheimischen Walkern. Mal abgesehen davon, dass sie mir die Vögel vergraulten, die ich eigentlich beobachten wollte, war der Anblick mehr als lächerlich. Überwiegend übergewichtige Leutchen, die durch die Landschaft kriechen. Ich konnte nicht anders und musste einen Walker nach dem Sinn fragen. Obwohl ich mich nicht vom Fleck rührte, konnte ich mich mit der Person circa fünf Minuten unterhalten, erst dann verschwand sie aus Sprechweite. Ich konnte mir nicht alles merken, aber hier die Punkte, die den sogenannten Sport rechtfertigen:

- *»Der erreichte Puls ist ideal, um Fett abzubauen.« Ich bin kein Arzt, aber ein Puls, circa zwei Schläge pro Minute höher als normal, scheint mir da nicht zu helfen.*
- *»Das gleichzeitige Bewegen der Stöcke erhöht Kondition und Koordination.« Wie bitte? Ich sah einige Walker, die die Stöcke nur hinterherschleiften.*
- *»Das gleichzeitige Öffnen und Schließen der Hände beim Bewegen der Stöcke erhöht den Effekt des Walkens.« Es war bei dieser Aussage, dass ich vor Lachen umgefallen bin.*

16. DER FEIND IN MEINEM BETT

Einmal pro Quartal ist es so weit: Die Frau an Achilles' Seite glaubt, sie müsse mal wieder Sport treiben. Dass die Motivation maximal drei Wochen anhält, ist weniger schlimm. Dass sie aber, mit Stöcken und Fleece bewaffnet, zum Walken in den Wald geht, ist eine Katastrophe.

Auweia. Es ist wieder so weit. Mona hat pünktlich ihren alljanuärlichen Sporttick bekommen, aus reiner Panik. »Waas?«, schrie meine Gattin letzten Sonntagabend, als sie mithilfe eines Kalenders versuchte, Ordnung in ihr Leben zu bringen, »in zehn Wochen sind ja schon Osterferien.« Diesen Schrei stößt sie jedes Jahr um diese Zeit aus.

Meine Frau ist Quartalsquartalssportlerin. Sie bewegt sich ungefähr ein Viertel vom Quartal, also ungefähr drei Wochen am Stück, bis die Ferien anfangen, sie keine Lust mehr hat oder »verletzt« ist.

Frauen sind ja gerne verletzt, bevorzugt am Knie. Das erscheint ihnen offenbar am glaubwürdigsten, weil Fußballer auch immer am Knie verletzt sind. Was Männern ihrem Lieblingskicker glauben, werden sie bei ihrer Frau nicht hinterfragen, so lautet das weibliche Kalkül. Vielleicht sind sie aber auch nur deswegen so gern verletzt, weil sie dann in den Genuss von Mitleid und ein paar sportmedizinisch fragwürdigen Anwendungen kommen:

Fango zum Beispiel oder die zärtlichen Hände des gut gebauten kurdischen Masseurs. Und alles auf Rezept.
»Sybille nimmt mich mit zum Walken«, verkündete Mona. Ich fühlte mich wie beim Tempotraining: Mir blieb schlagartig die Luft weg. »Das ist besser zur Fettverbrennung«, dozierte meine Frau mit dem selbstbewussten Halbwissen der *Brigitte*-Leserin. »Wenn Walken mehr Fett verbrennen würde als Laufen, dann müssten Läufer dick und Walker dünn sein«, entgegnete ich. »Die Dicken fangen doch erst an«, erklärte Mona. »Dann habe ich noch nie einen fortgeschrittenen Walker gesehen«, murmelte ich.
Ich gab auf. Inhaltliche Debatten mit Frauen enden immer mit Niederlagen der Männer, spätestens wenn die Frau »Trotzdem …« sagt. Entweder bestehen sie dann bockig auf ihrem Halbwissen, fangen an zu weinen oder schweigen tagelang vorwurfsvoll. Als Mann ist man immer der Bösewicht, vor allem, wenn man sauber argumentiert. Wenn Nichtstun wie Walken Fett verbrennt, dann müsste es im Grunewald riechen wie in der Frittenbude hinterm Bahnhof. Es riecht aber bestenfalls nach Altschweiß, der sich mit den Monaten tief in Walker-Falten festgefressen hat.
Im Gewühl meines Schreibtisches fahndete ich nach einem Beitrag aus der Läuferfachzeitschrift *Bild*. Meine männliche Intuition sagte mir schon vor Wochen, dass ich diesen wegweisenden Beitrag würde einsetzen können im Geschlechterkampf. Ah, da war er ja, unter den Schuhprospekten und der Angebotsliste für Läufer-Pharmazeutika vom Online-Versand.
Der Blick fällt sofort auf das Horrorbild, ein Leserfoto, das dem Fotografen immerhin 500 Euro brachte: Zu sehen ist eine Wade, quer zur Laufrichtung durchbohrt von einem spitzen Ast, Durchmesser drei Zentimeter. Waltraud G. (55), Walkerin aus Recklinghausen, hatte ihn sich bei der Ausübung ihres Zeitvertreibs geradewegs ins Bein gerammt. Wenn man sich in Zeitlupe bewegt, reagiert man offenbar auch nicht schneller, wenn sich ein

Ast aufstellt. Mona beeindruckte die Aufnahme von Walktraud nicht unbedingt. Sie würde wieder in ihren schusssicheren Jane-Fonda-Stulpen losstapfen, in denen fühlte sie sich sicher.
Ich zog einen zweiten Artikel hervor, der ihr garantiert mehr Angst machen würde. Fakt ist: Auch beim Walken kann man sich tückische Blessuren zuziehen, wie die medizinische Hochschule Hannover herausgefunden hat. Die häufigste und gravierendste Verletzung des Schleichsportlers ist der »Walker-Daumen«, was übrigens nicht vom Nasebohren unterwegs kommt. Stürzt der Walker, zum Beispiel wegen Entkräftung, Müdigkeit, Koordinationsproblemen, Underberg im Trinkgürtel oder Blödheit, dann hängen die Hände noch in den Schlaufen der Stöcke. Der Schwerkraft des herabfallenden Körpers kann der gefesselte Daumen aber nicht standhalten. Also bricht er. Oder das Seitenband wird überdehnt. Auf jeden Fall muss der Finger für zwei Wochen geschient werden. Wie schrecklich: 14 Tage, das bedeutet mindestens dreieinviertel Kilometer Trainingsrückstand für den Walker.
Mona hatte ein Fleece angelegt, das wir früher mal für den Fall einer neuen Eiszeit angeschafft hatten. »Ich gehe jetzt«, verkündete sie. »Lauf lieber«, murmelte ich und bemerkte laut: »Wenigstens hast du keine Stöcke.« Die Gattin grinste triumphierend. »Habe ich doch«, jubilierte sie, »unten im Keller versteckt, hinter den leeren Kartons, da wo du immer die Laufklamotten bunkerst, die du dir heimlich kaufst.«
Verzweiflung. Eine walkende Ehefrau, das ist so peinlich wie ein betrunkener Ehemann. Ich werde eine Selbsthilfegruppe gründen.

Hallo Achilles,
mit Deiner klaren Positionierung gegenüber der Pest des Waldes, dem schleichenden Unheil mit Stöcken, kann ich mich voll identifizieren. Ich habe nur ein Abgrenzungsproblem: Wo verläuft die Grenze zwischen Läufer und gemeinem Walker? Ein Beispiel: Als ich nach meinem letzten Marathon aus der Dusche kam, sah ich immer noch scharenweise Gestalten durchs Ziel wanken. Seit dem Startschuss waren aber schon über vier Stunden vergangen. Gehört diese Spezies noch zu den Läufern oder handelt es sich dabei bereits um unseren Feind, den Walker?
Dieter

Lieber Achim,
jede Initiative gegen das sinnlose Klappern mit Skistöcken auf Bürgersteigen und asphaltierten Wegen sowie gegen – die einer Völkerwanderung ähnlichen – weiträumige Schlurferei durch Wälder und Felder an Wochenenden kann nur unterstützt werden. Besser wäre die Rekultivierung der Trimmpfade, die aber sind dem Freizeitsportler wohl zu anstrengend.
Wulf

Hallo Achim!
Recht hast Du, je weniger die Leute sich anstrengen, desto mehr Wasser schleppen sie mit sich herum. Stichwort: Nordic Walker. In Münster schlurfen sie gern in eifrig schnatternden Grüppchen um den Aasee. Abgesehen von den mitgeführten Wasservorräten ist das Tragen von Hightech-Klamotten im Partnerlook ein Muss. Atmungsaktiv, winddicht, schweißabführend, überteuert. Im Dunkeln sehen sie aus wie eine Horde Aliens, Stirnlampe, Reflektoren an Kleidung und Stöcken, Blinkies am Wassertransportrucksack. Man könnte ja übersehen werden. Und als Leistungssportler ist man ja immerhin auch wichtig. Besonders lustig ist das Aufscheuchen dieser Spezies durch rasantes Fahrradfahren. Das Tempo, in dem sie den Weg freigeben, lässt allerdings auf keinen guten Trainingszustand schließen.
Guido

Sehr geehrter Herr Achilles,
ich bekomme jedes Mal einen Anfall, wenn ich ganze Horden von Mittvierzigerinnen, mit Stöcken bewaffnet, sehe, die ihre doch recht saftigen Hüften über die Straße wuchten. Und diese Uschis sind tatsächlich mit vielen Fläschchen ausgestattet. Um diese beim Nordic Walking wirklich zu benötigen, müssten die Uschis doch vier Stunden am Stück laufen, um einen Flüssigkeitsverlust zu erleiden, der es rechtfertigen würde, etwas zu trinken.
Stefan

Hi Achim,
ich mache öfter bis zu viertägige Wanderungen, mit oder auch mal ohne Stöcke. Beim Nordic Walking werden bis zu 600 Muskeln gleichzeitig trainiert, insbesondere an Rücken und Schultern. Das ist kein sinnloser Spaß für irgendwelche Pseudosportler, sondern wurde in Finnland für Langlaufprofis entwickelt, um die Muskulatur auch in schneefreier Zeit in optimalem Zustand zu halten. Leute da draußen, lasst Euch nicht verunsichern. Ich weiß, dass schon viel Mut dazu gehört, sich in der Öffentlichkeit auf derart unkonventionelle Weise zu bewegen, aber glaubt mir, es lohnt sich einfach.
Ansbert aus Berlin

Lieber Ansbert,
wo haben Sie denn die 600 Muskeln versteckt? So viel hat nicht mal ein Blauwal.
Achim

17. LAUFEND LÜGEN

Schlimmer geht's nicht: Die Gattin hat Verrat an der Laufbewegung begangen und sich tatsächlich der Walker-Front angeschlossen. Was würden die Sportsfreunde sagen? Achim Achilles ist sogar bereit, seine moralischen Grundprinzipien aufzugeben, um die Ehefrau zu bekehren.

Es ist grausam. Meine Frau walkt jetzt schon fast zwei Monate. Zweimal die Woche gibt sie mich der Peinlichkeit preis, wenn sie ihre Stöcke aus dem Keller holt, durch den Hof und am ganzen Haus entlang zum Auto trägt und ungefähr eine Viertelstunde braucht, um die Dinger in den Kofferraum zu pressen. All unsere Nachbarn klammern sich prustend an die Gardinen, in deren Schutz sie das unwürdige Schauspiel beobachten. Mit ihren Gehhilfen unterm Arm und den Jane-Fonda-Wadenwärmern ruiniert Mona in wenigen Sekunden jene Athletenaura, die ich über Jahre mühsam zusammentrainiert habe. Ich tue so, als wüsste ich gar nicht, was sie treibt. Rede mir ein, dass Frauen ihre Freiräume brauchen. Natürlich glaubte ich meinen eigenen Beschwichtigungen nicht. Die Wahrheit ist: Dauerpanik wütet in meiner Läuferseele. Neulich musste ich erleben, wie zwei Walker ihre Stockspitzen in die Tartanbahn des Mommsenstadions rammen wollten. Schade, dass der Platzwart kein Gewehr zur Hand hatte. Er beließ es beim Brüllen. Nicht auszudenken, wenn es Mona gewesen wäre.

Klemmbrett-Karraß, der Lauftrainer meines Vertrauens, denkt über ein Walker-Entwöhnungsprogramm nach. Kalter Entzug der Stöcke, drei Monate Easy-Slow-Jogg mit psychologischer Betreuung. Bevor ich Mona da anmelde, werde ich meine Qualitäten als einfühlsamer Ehemann ausspielen und sie aus eigener Kraft aus ihrer Hölle befreien – mit der Kraft der Liebe.

Der Freitagabend erschien mir günstig. Die Kinder schliefen, trainingsplanwidrig hatte ich schon die zweite Flasche Roten entkorkt; klebriger Cabernet Sauvignon geht bei Frauen immer. Ich robbte ans Sofa, auf dem die Gattin wie Kleopatra ruhte, in sämtlichen unserer Kissen und Decken.

»Schahatz«, flötete ich und mühte mich um das Timbre der Synchronstimme von George Clooney.

»Was willst du?«, fragte sie barsch. Bei Problemfilmen auf 3Sat lässt sie sich nur ungern unterbrechen.

»Ooch, nichts«, log ich, »ich dachte nur, wir könnten mal wieder zusammen rausgehen, an die frische Luft, nur wir beide, ganz allein.«

Mona wendete ihre Augen tatsächlich vom Bildschirm ab und musterte mich misstrauisch. Sie ahnte, dass irgendwas hinter meiner Liebesattacke steckte. Sie wusste nur nicht was. Nach langen Jahren der Ehe hat man kaum noch Geheimnisse. Sie schwieg. Sie ließ mich kommen. Jetzt war der entscheidende Moment, in dem ich alles versauen könnte, wenn ich nur ein falsches Wort über das Walken verlöre.

»Du bist fit geworden die vergangenen Wochen, ehrlich, das kann man richtig sehen«, flunkerte ich kühn, »willst du jetzt nicht mal versuchen, ein paar Schritte richtig zu laufen?« Mona holte schon Luft, um loszuschnauben, da peitschte ich die Süßholzraspel in den roten Bereich und zog mein Ass aus dem Ärmel. Ich bin Vercingetorix, sie ist Cäsar. Es ist die totale Unterwerfung.

»Ich schwöre, dass ich nichts Gemeines sage, dich nicht drängele. Du allein gibst Tempo und Zeit vor. Ich fänd's einfach toll, wenn wir beide gemeinsam Sport machten.« Es ist entwürdigend, wenn sich ein Mann derart verstellen muss. Aber eine Frau mit Walking-Stöcken im Hausflur ist auf die Dauer noch erniedrigender.

Mona schwieg. Sie dachte nach. Ich wusste worüber. Natürlich wollte sie eines Tages richtig laufen, so wie jeder Walker. Sie hatte nur Angst, dass es wehtun könnte oder womöglich gar mit Schweißproduktion verbunden sei. Vor allem fürchtete sie meinen Spott, auch wenn sie es nie zugeben würde. Andererseits sah sie an mir, wie wunderbar ausgeglichen, ja glücklich ein Läufer sein kann, jedenfalls manchmal.

Mit ihren Schleichschwestern würde sie nie ans Laufen kommen. Die Walküren sahen die Samstage im Wald eher als Ersatz für die Endlostelefonate an, mit denen sie uns früher zur Weißglut getrieben hatten. Ist es Zufall, dass Walken in dem Moment aufkam, als fürs Telefon die Flatrate eingeführt wurde? Frauen suchen sich immer Freizeitbeschäftigungen, die garantiert ökonomisch unvernünftig sind.

Mona holte wieder Luft: »Na gut. Ein Versuch. Aber nur, wenn du schwörst, dass du nicht eine einzige blöde Bemerkung machst, kein Augenrollen oder Prusten, kein Vorneweglaufen, überhaupt nichts Diskriminierendes. Und dass du aufhörst, wenn ich aufhören will, ohne Kommentar. Vor allem will ich nichts Ermunterndes hören.«

Sie erinnerte sich offenbar noch an meine einfühlsamen Motivationshilfen vom letzten Jahr. Dabei hatte ich es nur gut gemeint, als ich einen etwas zackigeren Ton anschlug, wie er unter Jungs völlig normal ist. »Quäl dich doch nur mal ein ganz klein wenig«, war der Zauberspruch gewesen, der unseren letzten gemeinsamen Lauf vor knapp zwölf Monaten schlagartig beendet hatte.

Ich hob meine Finger zum Himmel: »Ich schwöre.« Mona kontrollierte, ob ich irgendwas gekreuzt hatte. Sie fand nichts. »Sonntagmorgen«, sagte sie. »Ich freu mich, du, echt«, sagte ich. Das war die dritte Lüge innerhalb von fünf Minuten.

Lieber Achim,
der Gedanke, ein walkerfreies Laufgebiet einzurichten, mag vielleicht Euch in Berlin sehr zugutekommen, aber ich muss es vielleicht ausbaden. Denn meine Lieblingsstrecke am Rand der Eifel liegt ausgerechnet in einem Nordic-Walking-Park. Die Strecke ist traumhaft, weil sie sehr gut beschildert und mit regelmäßigen Kilometerangaben versehen ist und man pro Runde auch 200 Meter Höhenunterschied überwinden muss. Mit Deinem Artikel bringst Du vielleicht den einen oder anderen Walker auf die Schnapsidee, ihr Revier für uns Läufer zu sperren.
Thomas

Jetzt, wo ich wieder in Vietnam bin (wo es keine Walker gibt, Hunde als Delikatesse gelten und alle in 1-Euro-Shorts und 2-Euro-Hemden laufen), musste ich Dir einfach sagen, dass Du noch viel zu nett zu den Walkern bist.
Eine Walker-freie Zeit wünscht Hanno (Can Tho, Vietnam)

18. SCHWEIGEN TROTZ STULPEN

Es ist eine unmenschliche Herausforderung: mit der eigenen Frau auf die Waldpiste, wo sie am liebsten walken würde. Ein falsches Wort kann eine glückliche Ehe zerstören.

Heute ist es so weit. Tag der Wahrheit. Unsere Ehe erlebt ihren härtesten Test. Mona und ich gehen gemeinsam laufen. Wobei nicht klar ist, ob wir gehen oder laufen werden. Vielleicht klettern wir nicht mal aus dem Auto, weil ich mein Gelübde vergesse. Dann ist alles aus. Unser Deal lautet nämlich: Sie lässt ihre blöden Walking-Stöcke zu Hause und versucht, sich wie ein Homo sapiens fortzubewegen. Dafür spare ich mir jeglichen Kommentar.

Immerhin: Wir sitzen schon mal im Auto. Ich habe rasch noch einen Blick in den Kofferraum geworfen, wie zufällig. Mal gucken, ob Mona nicht doch versucht hat, ihre Gehhilfen mitzuschmuggeln. Aber nein, mein Ehrenweib hält sich an unsere Abmachung. Ich lasse Mona fahren. Das ist ein gutes Schweigeaufwärmtraining. Wer eine Viertelstunde neben meiner Gattin auf dem Beifahrersitz aushält, ohne etwas zu sagen, der ist automatisch als Zen-Buddhist qualifiziert. Ich stelle sie mir immer mit Cordhut vor.

Das Brennen auf meiner Haut signalisiert mir, dass Mona mich aus den Augenwinkeln beobachtet. Sie lauert auf ein Wort von

mir. Ich konnte sie nicht abhalten, das Jane-Fonda-Kostüm anzulegen. Wenigstens trägt sie heute nicht die Streifenleggings, sondern die fast neutralen hellblauen. Dafür maisgelbe Stulpen. Na, wenigstens müssen wir uns dank dieser Abschreckung nicht vor Wildschweinangriffen fürchten. Ich tue so, als übersähe ich ihre Verkleidung einfach.
Wir sind am Hüttenweg. Parklücken von frauenfreundlicher Größe. Mona trifft beim ersten Versuch. Es muss unser Glückstag sein heute. Wir steigen aus, so langsam, als hätten wir gleich ein Duell auf der Dorfstraße. Sie beobachtet mich. Mir darf nicht mal ein Hauch Grienen entfleuchen. Ich denke an etwas sehr Trauriges, meine 10-Kilometer-Zeit zum Beispiel. Da vergeht einem jedes Grinsen.
Mit einer neutralen Handbewegung weise ich den Weg in den Wald und trabe los. Traben ist eigentlich zu viel gesagt, es ist mehr ein Gehen auf der Stelle, dass nur deswegen wie Laufen aussieht, weil man die Füße etwas höher nimmt und daher lauter auf den Boden platschen lassen kann. Es muss wie Sport aussehen, darf aber gleichzeitig nicht anstrengend sein, sonst spürt Mona umgehend Erschöpfungszustände. Frauen sind selten wirklich erschöpft, aber sie haben die Fähigkeit, sich schnell so zu fühlen.
Wenn man jetzt den harten Hund von der Kette lässt und Sätze sagt wie »Reiß dich einfach mal zusammen« oder »Versuch's doch wenigstens mal«, dann ist der Lauf sofort beendet, auch wenn man natürlich recht hat. Man darf Frauen nie die Chance geben, sich in Tränen oder Beleidigtsein zu flüchten. Das ist der ganze Trick für eine glückliche Beziehung.
Tatsächlich, Mona macht mein Fast-auf-der-Stelle-Laufen einfach mit. Wir bewegen uns nun schon fast zwei Minuten am Stück, haben uns gut 100 Meter vom Auto entfernt, und sie hat noch nicht einmal gejammert. Zu gern würde ich einen Blick auf diese Frau werfen, die an meiner Seite kämpft. Aber wie soll ich gucken? Jedes noch so zärtliche Lächeln würde als Hohn inter-

pretiert, jeder besorgte Blick erst recht. Ich versuche, aus den Augenwinkeln den Zustand meiner Gattin zu erspähen. Ich bin sicher, dass sie jetzt in diesem Moment genau das Gleiche versucht. Immerhin haben wir offenbar noch Interesse aneinander. Gute Nachricht für ein Ehepaar.
Auweia. Von vorn nähert sich eine Laufgruppe, bestimmt ein Dutzend. Geduckte Haltung verrät hohes Tempo. Irgendeiner von ihnen wird mich erkennen, so wie man halt jeden kennt, der jahrelang durch denselben Wald hechtet. Ach du Schreck, es ist Klemmbretts Raketentruppe, keine 50 Meter entfernt. Ich schaue zu Boden und versuche zu gucken, als ob ich gar nicht ich wäre, sondern jemand anders. Ich nehme die Hand vors Gesicht, so als ob ich mich kratze. Keine Chance.
»Moin, Achim«, brüllt Felix. »Ach, der Achim«, grölt Bernd. Die anderen raunen auch alle was. »Tach, Jungs«, erwidere ich, als sei es das Normalste von der Welt, mit einer Frau in gelben Stulpen praktisch im Stehen Reha-Übungen am Waldparkplatz zu veranstalten. Zum Glück sind sie nicht die Typen, die wegen irgendwas anhalten würden. Könnte ja den Kilometerschnitt versauen.
Ich blicke entschuldigend zu Mona. Hauptsache, sie glaubt nicht, ich hätte die Jungs herbestellt, um psychologischen Druck aufzubauen. Aber Mona denkt gar nichts, sondern versucht tapfer, so was wie Rhythmus zu finden. Einen Kilometer haben wir fast geschafft. Und unsere Ehe hält immer noch. Ich werde meine Frau noch etwas tiefer in den Wald locken.

Lieber Achim,
auch im wunderschönen Rheinland tobt der Walker-Wahn. Es ist noch nicht lange her, da bin ich zu einer walkeruntypischen Zeit (nach 20 Uhr, wo eigentlich schon der Musikantenstadl läuft) ein wenig unvorsichtig um eine unübersichtliche Ecke gelaufen und in ein circa 10-Senioren-starkes knallbuntes Rudel Walker geplatzt, das gerade beim Stretchen war. Danach tat mir alles weh! Die Augen wegen der Farben, die Ohren wegen der Beschimpfungen und Flüche, der Hintern, weil mich eine Walkerin mit ihrer Aluzeltstange vertreiben wollte, und die Beine von meiner Flucht. Du siehst, es ist vorbei mit der rheinischen Gemütlichkeit, wenn die nordischen Spaziergänger kommen.
Heinz

Lieber Achim,
angesichts der beginnenden Krötenwanderung mahnt der Europäische Tier- und Naturschutzverein die Freizeitsportler, ihre spitzen Stöcke vorsichtig einzusetzen, um keine Tiere aufzuspießen. Aber könnte man diese äußerst spießige Eigenschaft der Walker nicht auch richtig nützlich einsetzen? Jeder Stöckchenschwinger bekommt eine Stofftasche umgehängt und spießt unterwegs den ganzen Müll auf, der so in der Natur und an den Wegesrändern rumliegt! Ich meine, sensationell, endlich sind die Nordic Walker für was gut. Happy Running,
GH

19. MIT 40 FÄNGT DER IRRSINN AN

Was denkt eigentlich eine Frau, die in Ruhe walken möchte, über ihren Mann, der immer schneller rennen muss? Ein Einblick ins Tagebuch der Mona Achilles lässt die Walker-Szene jubeln.

Wir Frauen müssen uns wohl damit abfinden, dass unsere Partner ab einem gewissen Lebensalter nicht mehr zurechnungsfähig sind. Bei meinem Achim begann es kurz nach seinem 40. Geburtstag: Er begann zu laufen. Nicht einfach so, aus Spaß, sondern manisch, nach Trainingsplänen, denen er aber leider nicht gewachsen war.

Er wollte sich, mir, der Welt was beweisen. Härte, Stärke, Männlichkeit. Was für ein Irrsinn. Warum können Männer nicht einfach nur gelassen werden mit den Jahren? Offenbar müssen sie plötzlich alles kompensieren, die schwindende Libido, den ausbleibenden Haarwuchs, ihre kontinuierlich wachsende Plauze.

Zuerst dachte ich: Ist ja toll, wenn sich der faule Hund ein bisschen bewegt. Jahrelang hatte er schlechtlaunig auf dem Sofa gelümmelt und sich schon aktiv gefühlt, wenn er mit Karl ausnahmsweise mal Vokabeln gelernt hat. Laufen verschiebt den Infarkt hoffentlich um ein paar Jahre, dachte ich. Inzwischen glaube ich das Gegenteil: Seine blöde Lauferei erzeugt so viel Stress, dass er dem Friedhofsgärtner eher noch entgegeneilt. Aber wehe, ich sage mal was. Du hast ja keine Ahnung, entgegnet er

dann nur. Meint, er weiß alles, nur weil er jede Ausgabe von *Runners' World* auswendig lernt.
Warum kann er nicht einfach locker joggen, wie andere Menschen auch, oder mal entspannt mit mir walken? Warum muss er für den Marathon oder andere Kindereien trainieren, sich schinden, quälen, verletzen, mich und alle anderen Menschen terrorisieren mit seiner neuen Religion und nach seinem Training stöhnend durch die Wohnung kriechen. Gutherzig, wie ich bin, sage ich dann manchmal sogar was Mitleidiges. Kein Wochenende, an dem er nicht mindestens drei Stunden verschwunden ist.
Überall liegen seine gammeligen Klamotten herum. Bald ist es so weit, dann hängt sein Neoprenanzug wieder über dem Balkon, in dem er aussieht wie eine altfränkische Presswurst. Das Auto stinkt wie ein Iltiskäfig, seitdem er mit seinen durchgeschwitzten Klamotten darin fährt. Er bestellt sich die aberwitzigsten Wunderpillen aus dem Internet und glaubt, ich würde es nicht mitkriegen. Wenn er noch einmal über meine Cremes meckert, dann kann er was erleben.
Andererseits: Vielleicht ist Laufen noch eines der kleineren Übel, mit denen Männer einem Leben entfliehen wollen, das sie als weitgehend gelebt betrachten. Andere Kerle kaufen sich eine Harley, ziehen Lederjacken mit Fransen an und knattern durch die Reihenhaussiedlung. Das ist mindestens so peinlich.
Oder sie fangen an, auf Lebensart zu machen, nuckeln nächtelang abwechselnd an Rotweingläsern und Zigarrenstummeln und rezitieren Testergebnisse. Kein Wunder, dass man diese Monstren nicht mehr küssen mag. Grausam sind auch Angler, die ihre schleimigen Fische in der Küche ausweiden. Der Gipfel allerdings, das sind die Golfer. Sie haben sich diesen albernen Sport nur ausgesucht, damit sie möglichst lange von zu Hause wegbleiben können. Sie hoffen damit, noch ein Weilchen verschleiern zu können, dass sie vollständig impotent sind.
Bis vor Kurzem hat Achim wenigstens mich in Ruhe gelassen mit seinem Lauffimmel. Dann habe ich unvorsichtigerweise ange-

fangen zu walken, mit einer guten Freundin. Sicher, es gibt elegantere Sportarten. Aber keine, bei der man sich kaum anstrengt, viel quatschen kann und nicht völlig fertig nach Hause fährt. Aber was macht Herr Achilles? Mobbt blindwütig gegen alle Walker, also auch gegen mich, seine Frau. Männer über 40 haben dieses unbedingte Bedürfnis, sich immer über irgendwen erheben zu müssen, um sich selber besser zu fühlen. Spätestens mit 70 wird er auch walken. Denn auch der schnellste Läufer wird eines Tages langsam. Und dann ziehe ich ihm locker davon. Vielleicht.

Hallo Achim,
über das Für und Wider des Aufwärmens vor dem Sport wurde ja schon viel diskutiert, aber im Allgemeinen war man sich wohl einig, dass ein Aufwärmen leichte Bewegung ohne große Anstrengung bedeutet, um den Kreislauf in Schwung zu bringen, bevor man sich voll belastet. Nur: Wie wärmt man sich für einen Sport auf, der selbst schon direkt hinter Schlafen und Fernsehen den geringstdenkbaren körperlichen Einsatz fordert – das Walken? Als Experte für die Beobachtung von Walkern kannst Du mir bestimmt sagen, was diese Leute tun, bevor sie mutig loswalken?
Gruß,
Kalle

Hallo Achim,
in der Tat pusten wir beim Laufen mehr Kohlendioxid in die Gegend als beim Schlafen oder Fernsehen. Ein wahrer Glücksfall für die Klimaproblematik sind freilich die Walker, welche zeitlebens mehr Kohlenstoff konsumieren, als sie wieder ausschnaufen. Die Körper mehrerer Millionen Walker könnten sich so als ein wichtiger Kohlendioxidspeicher erweisen, der die Atmosphäre zumindest zwischenzeitlich entlastet.
Torsten aus Zürich

Wuff, Achim, Du mobile Zwischenmahlzeit auf zwei Beinen,
Walken hinter Huskys, das ist ungefähr so wie Joggen auf der Busspur am Ku'damm, grenzdebil, grrrr! Habe mir das mobile Gefängnis für meine vierbeinigen Kollegen aus dem hohen Norden mal näher angeschaut: Was da nicht steht, ist, wie man sich daraus befreit, wenn der nordische Vierpföter den Geruch einer Wildsau in die Nase bekommt. Dann mutiert Kurti am anderen Ende schnell zur Baumwalze und schlägt frische Schneisen in den Grunewald. Glücklicherweise wird der Schwachsinn nur in Süddeutschland und Österreich angeboten.
Vierpfotigen Gruß vom Dicken B.
(dessen laufendes Herrchen gerade in der vorweihnachtlichen Laufdepression steckt)

Lieber Sportsfreund Achilles,
gut am Walken ist doch, dass Menschen, die sich sonst nicht bewegen würden, überhaupt etwas tun. Klar sehen diese Menschen nach drei Wochen nicht aus wie Marathonis, aber sie machen überhaupt etwas, und das ist der entscheidende Punkt. Laufen könnten die meisten in der Tat nicht, da sie zu viel wiegen.
HERZ-liche Grüße,
Prof. Dr. med. Günter G. (Internist-Kardiologie-Sportmedizin-Intensivmedizin)

Hallo Achim,
letztes Wochenende habe ich es zum ersten Mal gewagt und Langlaufskaten ausprobiert. Ich muss ein sehr übles Bild abgegeben haben, habe den Schnee einige Male geküsst. Aber kann man sich vorstellen, wie unglaublich schlimm die Nordic Walker ausgeschaut haben, die bei schönstem Winterwetter und geschlossener Schneedecke ihre Stöcke direkt an einer Langlaufloipe vorbeischleiften? Es ist echt erleichternd, wenn man ganz am Boden liegt, mit verrenkten Knien und ineinander verkeilten Skiern, und merkt: Hey, andere sinken noch tiefer. Und zwar freiwillig.
Grüße aus Augsburg,
Peter

Hallo Achim, alter Walker-Freund,
ich habe eine prima Idee für unsere innovative Walker-Zubehörindustrie: Stocknägel. Die müssten an den allseits beliebten Metallspießen natürlich mit Selbstklebefolie befestigt werden. Wäre doch eine schöne Alternative zu Urkunden und Medaillen. Noch besser wäre natürlich eine Rückkehr zum guten alten Holzknüppel. Dann könnten auch die traditionellen Stocknägel aller Kitsch-Andenkenbuden mitverwendet werden. Und die Walker wären endlich da angekommen, wo sie namentlich und bewegungstechnisch auch hingehören: bei den Spaziergängern.
Gruß aus dem Neandertal,
Ralf

20.
ES GEHT NOCH LANGSAMER: WALKEN IM WASSER

Mona Achilles hat ihr Walking-Training tatsächlich zurückgefahren. Allerdings nicht aus Einsicht, sondern um mehr Zeit für einen neuen Trendsport zu haben: Wasser-Walken.

Irgendwas ist faul an der Sache, das spüre ich. Seitdem meine Gattin im Osterurlaub in der Türkei mit einer Horde weiblicher Walrösser jeden Morgen Aqua-Dingsbums gemacht hat, ist sie wie verwandelt. Mona war nie eine große Ausdauerkünstlerin. Pilates, Yoga, Laufen, Reiki, Ikebana – kein Kurs, den sie nicht nach drei Monaten wieder aufgegeben hätte.

Das spricht für unweibliche Intelligenz: Ziemlich schnell hat sie kapiert, wie der angeblich ganz neue Hype-Trend funktioniert. Nämlich genauso wie der letzte. Immer und in allen Sportschuhen gilt: Straff und ausdauernd wird nur, wer sich zumindest ein bisschen anstrengt, dafür aber regelmäßig. Eine Abkürzung zur Fitness gibt es nicht. Deswegen führt das Volks-Walken am Samstag ja auch zu nichts. Die Reize für den Körper sind einfach zu selten und zu schwach, als dass sie spürbare Verschönerungsergebnisse bewirken würden.

Diesmal allerdings ist alles anders: Mona legt eine völlig untypische Ausdauer an den Tag. Dreimal die Woche fährt sie zum Aqua-Joggen, eine Art Walken im Wasser, was umso lächerlicher ist, weil sich die Damen noch weniger fortbewegen als der gemeine Land-Walker. »Mach das erst mal mit, bevor du wieder mäkelst«, sagt meine Gattin seit Monaten. Ich niese laut und feucht und schütze eine hartnäckige Erkältung vor. So weit kommt es noch: Im Kinderbecken rumhüpfen, am besten noch mit Schaumstoffnudel zwischen den Beinen und Blümchenbademütze auf dem Kopf.

Monas Akribie jedenfalls ist höchst verdächtig. Zwar riecht sie nach ihren Wassertretstunden überzeugend nach jener eigenwilligen Schwimmbadmischung aus viel Chlor, ein wenig Kinderpipi und einem Hauch Altmännerfußnagel. Aber das kann auch ein Trick sein. Außerdem hat sie auffällig gute Laune danach. Vom Sport hat sie noch nie gute Laune bekommen. Auffälligerweise lässt sie sogar bereitwillig zu, dass ich sie dorthin zwicke, wo früher ihre Problemzonen waren. Jetzt ist da Stahl.

Irgendwas stimmt da nicht. Es gibt nur eine Erklärung: Sie hat einen Geliebten. Und das Wassertreten ist nur ein Vorwand, um sich jeden zweiten Tag unauffällig verkrümeln zu können. Es hilft nichts: Ich werde mal unauffällig einen Blick ins Schwimmbad werfen müssen, ob die beste Hälfte von allen dort tatsächlich herumstrampelt.

Das Problem: Wie tarnt sich Privatdetektiv Sherlock Achilles im Schwimmbad? An meiner markanten Körpersilhouette wird Mona mich sofort erkennen, spätestens aber an meiner Badehose, deren Türkis in vier, fünf Sommern bestimmt wieder angesagt sein wird, sofern es bis dahin nicht komplett ausgewaschen ist. Ich könnte zur Tarnung einen Bademantel anlegen, aber der fällt bei diesen Temperaturen erst recht auf. Oder ich begebe mich ins Schwimmerbecken und spule kraftvoll ein paar Kilometer ab, was angesichts der nahenden Triathlons sowieso dringend nötig wäre. Wenn ich dann aber fortwährend wie Knut über den Beckenrand ins Nachbarbassin spähe, wird mich die Aqua-Gruppe für einen Spanner halten.

Am vergangenen Freitag stand meine Beobachtungstrategie fest. Ich würde einfach in dem kleinen menschenleeren Schwimmbad-Restaurant »Nixe« einen Kaffee trinken und durch die Scheibe lugen, im Schutz mehrerer staubiger, aber dichter Plastikpflanzen. Dummerweise hatte ich Kinderdienst. Hans würde ich im Auto lassen, mit einem großen Eis, das Fenster einen Spalt weit geöffnet. Kleine Hunde halten auf diese Weise ja auch Stunden auf dem Rücksitz aus.

Der heiße dünne Kaffee war noch nicht mal serviert, als ich meine Gattin anmutig ins vier Meter tiefe Sprungbecken hüpfen sah. An den Händen trug sie merkwürdige Handschuhe, im Wasser legte sie eine Art Nierengurt an. Es waren sogar Männer dabei. Einer hatte sich Spezialschuhe umgeschnallt, mit denen man wahrscheinlich Schweißarbeiten unter Wasser erledigen kann. Eine überaus dralle Instruktorin gab erste Kommandos vom Beckenrand. Mona sah recht geschickt aus, wie sie sich so auf der Stelle hielt. Ich hatte genug gesehen. Im Vergleich zum Walken kam man beim Wassergehen offenbar mit noch weniger Bewegung aus.

Hans hatte sich inzwischen aus dem Kindersitz befreit und das Eis als Pinsel benutzt. Wir eilten nach Hause. Das Handy klingelte gequält unter einem Klacks von zerlaufenem Eis. Manni aus Münster war dran, atemlos und euphorisch. »Achim, das ist der Hit, das musst du machen«, juchzte er. Er hatte gerade seine dritte Stunde Aqua-Cycling hinter sich. Dabei stehen Spinning-Räder bis zum Lenker im Schwimmbad. »Aha«, sagte ich und fühlt mich unendlich altmodisch. Der Wasserwahn nimmt dieses Land offenbar voll in den Griff. Ich überlegte, ob ich mit meinem Rennrad in unsere Badewanne passe. Aqua-Sport wird der neue Trend. Den darf ich einfach nicht verpassen.

Lieber Achim,
bis letzten Sonntag dachte ich, dass die No-Sports-Art Nordic Walking noch nicht bis zu uns nach Spanien vorgedrungen ist. Doch dann habe ich in meinem Stammpark etwas Erschreckendes gesehen: Walker, aber auf Rädern! Soll heißen Personen, die so was wie kleine Skateboards an jeden Fuß geschnallt haben und sich mithilfe von Stöcken vorwärtsbewegen. Was an und für sich ja schon total widersinnig ist: Schließlich kann man mit kleinen Skateboardrollen nicht über Sandwege rollen, sich auf Asphaltwegen aber nicht mit Stöcken abstoßen, oder? Gott sei Dank sind mir diese Gestalten bisher nur am Sonntag begegnet, wo man, wie jeder Läufer weiß, sowieso besser zu Hause bleibt, weil sich das hart erkämpfte Laufrevier mit Kindern, Skatern, Fußballspielern und Schlimmerem füllt. Aber sollte uns hier bald eine noch schlimmere Plage als der klassische Walkensis alemanis heimsuchen?
Katrin

Hi Achim,
um Dir ein wenig auf die Sprünge zu helfen, lade ich Dich hiermit ein, an von mir, DNV-Instructor Klaus-Peter Müller, geführten NW-Touren rund um Baden-Baden teilzunehmen und Dich bekehren zu lassen. Was Du bisher erlebt, gesehen und beschrieben hast, war nicht etwa Nordic Walking, es war Walking mit Stöcken ohne technische Umsetzung

und bar jeglicher Philosophie. Kennst Du die Begriffe Entschleunigung, konstante und regelmäßige Ausübung, Schulterrotation, Körperdiagonale, Venenpumpe, Sprunggelenk-Training und Mobilisierung, Spaß am Sport in der Gruppe? Ich erläutere sie Dir gerne im NW-Kurs. NW bietet insbesondere älteren, unsportlichen und übergewichtigen Menschen die Chance, in Bewegung zu kommen und zu bleiben. Es ist im Gegensatz zum Joggen für Anfänger schmerzfrei, ohne Überwindung, bei jeder Witterung und quasi täglich auszuüben. Nachhaltige Verbesserung fast aller Körperfunktionen, der Fitness und der individuellen Stimmung sind die positiven Folgen von richtig angewandtem Nordic Walking. Du solltest NW unbedingt einmal selbst unter professioneller Anleitung testen und ich garantiere, Du bleibst dabei!
Walk on,
Der Instructor

Hallo Achilles,
ich, volle 45 Jahre untrainiert, beschloss, meine Abscheu vor der läuferischen Verrichtung anzugehen, und trainierte nach einem der üblichen Trainingspläne. Um meine Schrittlänge zu verbessern, besorgte ich mir ein paar Walking-Stöcke und begab mich auf meine Hausstrecke. Ergebnis: mutmachender Muskelkater in den Beinen und sieben Minuten schneller. Die Leistung mochte aber auch daher rühren, dass

ich bei dieser Premiere nicht von den sonst üblichen Begrüßungen der anderen Bewegungshungrigen in meiner Konzentration gestört wurde. Alle, die sonst mein fröhliches Lächeln zumindest mit einem gequälten Nicken beantworteten, wandten entschlossen den Blick in die Landschaft, als sie meiner Stöcke ansichtig wurden. Sie hinkten, stolperten und keuchten hoheitsvoll in allen verkrampften Haltungen dieser Welt an mir vorbei, in vollem Bewusstsein und dankbar dafür, dass sie sich aufgrund ihrer läuferischen Kompetenz auf das Angenehmste von mir unterscheiden. Leute, wenn einzig die Abwesenheit von Stöcken eine läuferische Leistung anerkennenswert macht, dann braucht Ihr Euch auch nicht so anzustrengen. Dann könntet Ihr beim Joggen auch mal lächeln. Und ich wette mit Euch, die Walker lächeln zurück.
Petra

Servus Achim,
peinlich-bunte Karnevalsklamotten, klumpfüßige Schuhe und gigantische Trinkfässer trägt in unserem Lauf- und-Walking-/Nordic-Walking-Treff keiner. Nordic Walking ist Sport und alles andere als bloßes Spazierengehen.
Mit freundlichen Grüßen,
Günther

21.

17 GUTE GRÜNDE GEGEN DAS WALKEN

Walken, so will es der Mythos, sei eine unglaublich gesunde Betätigung. Das mag für echte Nordic Walker zutreffen, für die große Mehrheit der trottenden und plappernden Stöckchenzieher allerdings nicht. In zahlreichen Studien wurde inzwischen auf medizinische und anderweitige Probleme des Walkings hingewiesen.

1. Walken ist kein Sport

Mit Walking lässt sich kein signifikanter Gesundheitsnutzen erzielen. So lautet das Urteil eines Forscherteams der University of Alberta. Die Wissenschaftler verglichen ein 10 000-Schritt-Übungsprogramm mit einem moderaten Fitnesstraining. 128 Personen nahmen an dem sechsmonatigen Training teil. Am Ende stand fest: Das Fitnesslevel verbesserte sich in der zweiten Gruppe deutlich mehr. Die Sauerstoffaufnahme der Walker erhöhte sich in dieser Zeit nur um vier Prozent, bei den anderen Teilnehmern um zehn. Andere Gesundheitsindikatoren, wie Glukosewert und Blutfett, veränderten sich gar nicht. Sanftes Training wie das Walken, bilanzierten die kanadischen Forscher, reiche nicht aus, um fit zu werden. Es könne allenfalls als Einstieg in die Welt des Sports dienen.

2. Stöcke schaden

Nordic Walking, so will es die Legende, sei wegen des kraftvollen Armeinsatzes besonders effektiv. Intensive Stockarbeit soll Muskelberge an Arm und Schulter wachsen und Pfunde wegschmelzen lassen. Wissenschaftler vom Forschungszentrum für Sportmedizin im finnischen Tampere haben die körperlichen Auswirkungen untersucht. Sie verglichen die Muskelaktivität beim Walking und Nordic Walking. Demnach liegt die Belastung der hinteren Armmuskulatur um den Ellbogen mit der richtigen Stocktechnik etwa 1,4-mal höher. Doch kaum ein Walker beherrscht die Technik, wissen Experten. Die meisten Walker setzen die Stöcke zu weit vom Körper auf oder lassen sie schleifen. Dies führt eher zu Verspannungen im Schultergürtel.

3. Die Fettverbrennungslüge

Nordic Walker argumentieren, dass ihre Fortbewegungsart bis zu 50 Prozent wirkungsvoller für die Fitness sei als Gehen ohne Stöcke. »Der ganze Körper schwingt. Man fliegt. Hat schon beinahe das Gefühl, unendlich leicht zu sein«, schwärmt Doktor Ulrich Strunz, das winterbraune Schreckgespenst der Anti-Aging-Jünger. Beim Nordic Walking soll angeblich bis zu 46 Prozent mehr Energie verbraucht werden. Herzfrequenz und Sauerstoffaufnahme erhöhen sich, Fettverbrennung und Kalorienverbrauch werden angeregt.

Wissenschaftler vom Forschungszentrum für Sportmedizin im finnischen Tampere baten 19 Walkerinnen zwischen 50 und 60 Jahren zum Test. Die Probandinnen legten in wechselnden Geschwindigkeiten je einen Kilometer mit und ohne Stöcke zurück. Ein Ergospirometer analysierte Atemluft und Herzfrequenz. Die Forscher entnahmen eine Blutprobe und befragten die Teilnehmerinnen nach ihrem Erschöpfungsgrad. Dabei stellten sie fest, dass sich weder langsames noch gemäßigtes noch schnelles Nordic Walking vom normalen Walking unterschied. Die Herzfrequenz war unwesentlich höher, ebenso der Sauerstoffverbrauch. Die Laktatkonzentration im Blut unterschied sich nicht. Die Walkerinnen berichteten, dass sie beide Formen als ähnlich anstrengend empfanden. Fazit: Einzig im Hinblick auf Stärke und Ausdauerleistung der Schultermuskulatur ist Nordic Walking eine effektivere Bewegungsform als einfaches Walking.

4. Das Endorphin-Märchen

Kreativ, leistungsbereit, stressresistent – kein positiver Zustand, der dem Walker nicht zugeschrieben würde. Auslöser sollen die massenhaft ausgeschütteten Glücks- und Wohlfühlhormone sein. Doch was haben diese Endorphine mit Walking zu tun? Nicht viel, meint Harald Lange, Leiter der Abteilung Sport an der Pädagogischen Hochschule Ludwigsburg. Der Körper produziert das körpereigene Opiat nur, wenn der Sportler seine Leistungsgrenzen erheblich überschreitet und sich in extremen Grenzbereichen quält. Bei Puls 120 werden jedoch keine Endorphine ausgeschüttet. Glücksgefühle können nach Ansicht Langes »höchstens durch das gute Gefühl erreicht werden, das man nach dem Sport unter der erfrischenden Dusche erleben kann«.

5. Der Entstehungsmythos

Trendsportarten müssen etabliert und verkauft werden. Dabei ist eine anrührende, heldenhafte Geschichte um Entstehung und Geburt geschäftsfördernd und mithin unabdingbar. In der Walking-Welt galt bislang als unumstritten, dass der finnische Sportstudent Marko Kantaneva Mitte der Neunzigerjahre Nordic Walking erfunden hat. Nach eigenen Angaben hatte er die Idee dazu in seiner Diplomarbeit. Er dachte sich Übungen aus und veröffentlichte die Ergebnisse für 1000 Finnmark (170 Euro) in *Suomen Latu*, der Zeitschrift des finnischen Freizeitverbands. Beim Fototermin lernte er Taisto Manninen, Leiter der Produktionsabteilung von Exel, kennen, der sich begeistert zeigte, war der Markt für Skistöcke doch gesättigt. Er bat Kantaneva, Standardlängen für die Stöcke zu entwickeln. Dieser ging einfach mit seinem Nachbarn auf den Hof und entschied sich eher zufällig für einige Längen. Kurze Zeit später gingen bei Exel die ersten Nordic-Walking-Stöcke in Produktion.

Die zweite Version spielt in Deutschland. Christian Neureuther und sein Vater sollen in Wahrheit Nordic Walking erfunden haben, wie der Klappentext seines mit Rosi Mittermaier herausgegebenen Ratgebers nahelegt. Schon in den Sechzigerjahren soll Neureuther senior in den Garmischer Alpen alte Langlaufstöcke beim Wandern benutzt haben – ein Foto dient als Beweis. In Insiderkreisen gelte Vater Neureuther deshalb als Erfinder des Walking.

Fakt ist: Im Jahr 1997 begann die heute marktführende Firma Exel, Nordic-Walking-Stöcke herzustellen. Sie führte die Sportart, den Namen und die Marke Nordic Walker(R) ein. 2001 etablierte sie Nordic Walking auf dem deutschsprachigen Markt. Von da an breitete sich die neu erfundene Sportart systematisch aus. Instruktoren wurden ausgebildet, Materialien erstellt und Schuhe, Stöcke und Trinkgurte entwickelt.

6. Walker bedrohen den Lebensraum von Tieren

Jedes Jahr im März, wenn die Temperaturen auf über zehn Grad Celsius steigen, kriechen außer den Walkern auch Teichmolche, Grasfrösche und Erdkröten aus ihren unterirdischen Winterquartieren und machen sich auf den Weg zum Wasser. Sie nutzen dabei besonders gern asphaltierte Wege, weil sie dort einen besseren Überblick haben. Autos waren bisher die größten Feinde der Kriechtiere. Doch nun müssen sie sich auch vor der neuen schleichenden Gefahr des Walkers in Acht nehmen. Der Verein Europäischer Tier- und Naturschutz fordert die Walker auf, in Tagen der Krötenwanderung besonders aufzupassen, wo sie ihre spitzen Stöcke einsetzen. Die Tiere liefen sonst Gefahr, aufgespießt zu werden. Wer Krötenschaschlik vermeiden will, sollte in der Dunkelheit schlecht beleuchtete Wege in der Nähe von Gewässern meiden. Auch könne man eine Taschenlampe verwenden, um den zahlreichen Tieren auszuweichen.

7. Walker verschandeln Grünanlagen

Früher war der Nymphenburger Schlosspark ein beliebtes Erholungsgebiet der Münchner. Die Anwohner fanden hier Ruhe, Entspannung und Besinnlichkeit. Bis die Walker kamen. Scharenweise okkupierten sie die Wege und klapperten ohrenbetäubend mit ihren Stöcken. Nordic Walking Basic Instructors boten im Internet, auf Plakaten und Flyern ihre Dienste an. Dabei missachteten sie: Im Park ist Sporttreiben verboten. Insbesondere die gewerbliche Nutzung der Anlagen ist nicht gestattet. Anwohner und Parkbesucher beschwerten sich, und die Schlösserverwaltung reagierte. Nordic-Walking-Gruppen dürfen künftig den Park nicht mehr nutzen. »Der Schlosspark ist für alle Anwohner und Parkbesucher da, und ein vernünftiges Miteinander verlangt gegenseitige Rücksicht«, begründet die Verwaltung das Verbot. Die intensive Nutzung des Parks durch Walking-Gruppen sei nicht verträglich.

8. Walking wird teuer

Mit Gebühren wird in Norderstedt gegen das organisierte Stöckeschleifen vorgegangen. »Einführung in hoch intensive Nordic-Walking-Techniken. Treffpunkt: Waldstraße, Parkplatz im Rantzauer Forst« – so wurden die Nordic-Walking-Kurse im Wald von Norderstedt beworben und waren sehr erfolgreich. Am Profit will künftig auch die Forstverwaltung teilhaben. Wer im Wald walken will, muss künftig unter Umständen Eintritt zahlen. Für kommerzielle Veranstaltungen sind Gebühren fällig, in der Regel zwischen 50 und 150 Euro als Ausgleich für den Verwaltungsaufwand. »Dabei spielt es keine Rolle«, sagt Forstdirektor Hans-Albrecht Hewicker, »ob dieses Geld nur die Unkosten des Veranstalters deckt.« Nordic-Walking-Teams, die durch den Wald stapfen wollen, müssen dies vorher anmelden und genehmigen lassen.

9. Walking quält die Gelenke

Laut einer Umfrage der Gesellschaft für Konsumforschung glauben mehr als zwei Drittel der Bundesbürger, dass Walking den ganzen Körper sanft trainiere. Nordic-Walking-Autoritäten erklären, dass die Stöcke den Bewegungsapparat um bis zu 30 Prozent entlasten. Doch eine Studie der Universitäten Magdeburg und Darmstadt an 15 Walkern nährt Zweifel. Die Wissenschaftler analysierten die Bewegungsmuster der Teilnehmer und kamen zu dem Ergebnis: Die Kniegelenke werden keineswegs entlastet. Im Gegenteil, bei der Landung leiden die Gelenke noch mehr als beim Gehen ohne Stock. Ähnlich wie beim Walking werden durch die dynamische Gangart beim Aufsetzen und Abdrücken des Fußes Belastungsspitzen von 140 bis 170 Prozent des eigenen Körpergewichts erreicht. Das führt unabhängig vom Untergrund zu einer starken Abbremsung. Dadurch wird die Unterschenkelmuskulatur stark belastet, wie die Gesellschaft für Orthopädisch-Traumatologische Sportmedizin in einer Untersuchung zeigt. Beschwerden im Bereich der Schienbeine (»Shin Splint Syndrome«) können die Folge sein. Viele Walker marschieren zudem im Stechschritt mit durchgedrückten Knien, wodurch der Rücken stark in Mitleidenschaft gezogen wird. Die lang gezogenen Schritte, bei denen das Bein mit fast gestrecktem Kniegelenk aufgesetzt wird, führen zu einer hohen Impulsbelastung in Sprunggelenk, Knie und Hüfte, die selbst die Kräfte beim Joggen überschreiten kann.

10. Walking ist ungesund für Dicke

»Dicke sollten walken – aber nicht nordisch!«, warnt die Fachzeitschrift *Ärztliche Praxis*. Übergewichtige müssen mit negativen Effekten auf den Bewegungsapparat rechnen. Über 90 Prozent der Nordic Walker benutzen beim Stockeinsatz die anspruchsvolle Diagonaltechnik. Die eingesetzten Impulse vermindern die vertikal wirkenden Reaktionskräfte lediglich um circa drei Prozent. Geringfügig mehr Entlastung erzielt nur der parallele Stockeinsatz, der aber in der Regel allenfalls beim Bergabgehen zum Tragen kommt. Besonders Übergewichtige, die mit zu langen Stöcken walken oder ihren Oberkörper zu weit vorbeugen, leiden darunter.

11. Walking-Verletzungen häufen sich

Eingewachsene Nägel, Schleimbeutelentzündung, Stressfraktur – auch beim Walking können unangenehme Verletzungen und zähe Langzeitkomplikationen auftreten, die meist aus Überbelastung, falschem Schuhwerk oder Fehlstellungen resultieren. Lange Pflastermärsche etwa können zur Reizung der Plantar Fasciitis in der Fußsohle führen. Bergaufgehen reizt die Achillessehne und zu schnelles Walken die Schienbeine. Auch vor »Runner's Knee«, Stressfraktur und Nervengeschwulst ist der Walker nicht gefeit. Laut Schätzungen humpeln allein in den USA jährlich 250 000 Walker durch die Landschaft, weil sie sich beim Ausüben ihres Sports verletzt haben. Kleine Verletzungen, die ignoriert werden, können dabei schnell zu chronischen Beschwerden führen. Und auch wenn keine offensichtlichen Verletzungen aufgetreten sind, müssen Aktive die Konsequenzen eines sportlichen Lebensstils tragen, wie Studien in skandinavischen Ländern und den USA zeigen. Das Arthritisrisiko ist besonders für jene hoch, die in jungen Jahren sehr viel Sport getrieben haben.

12. Risikofaktor Walker-Daumen

»Distorsion des ulnaren Seitenbands am Daumen nach Sturz, wo der Stock als Hypomochlion wirkt«, so beschreibt Karsten Knobloch von der Medizinischen Hochschule Hannover die neuartige Verletzung, die vor allem Walker trifft. Der Volksmund nennt es schlicht »Skidaumen«. Knochenbruch oder Seitenbanddehnung ereilt Walker, die ihre Stöcke beim Sturz nicht rechtzeitig loslassen. Dabei reißt das Seitenband im Daumen oder das Gelenk renkt aus. Fingerverletzungen sind unverhältnismäßig schmerzhaft und haben erfahrungsgemäß einen langwierigen Heilungsverlauf. Tipp der Mediziner von der MHH: beim Sturz die Stöcke loslassen.

13. Walker ertränken sich selbst

Durch Schwitzen verliert der Körper mehr Flüssigkeit als gewöhnlich. Wenn das Durstgefühl beim Sportler eintritt, ist es schon zu spät, mahnen Ärzte. Leistungsverlust droht. Auch Walker fürchten Dehydrierung, obwohl sie kaum Flüssigkeit verlieren. Dennoch gehören Trinkgurte zur Standardausrüstung des Walkers. Wissenschaftler warnen nun vor den Folgen permanenten Wasserkonsums. Der amerikanische Leichtathletikverband Track & Field hat seine Richtlinien radikal verändert: Erst trinken, wenn der Durst kommt, und nur so viel, wie man auch ausschwitzt. Ausdauersportler, vor allem langsame Läufer, aber insbesondere Walker, die während eines langen Laufs viel Wasser trinken, riskieren Übelkeit, Krämpfe, Atemnot bis hin zum Tod. Der Grund: Das Blut wird verdünnt, die Natriumkonzentration sinkt (Hyponatriämie). Eine Studie der Georgia State University in Atlanta zeigt, dass nicht Dehydrierung, sondern Überhydrierung das häufigere Problem bei Ausdauerwettkämpfen ist. Es gibt keinen wissenschaftlichen Anhaltspunkt, dass man täglich acht Gläser Wasser zu sich nehmen muss, meint auch Heinz Valtin vom Dartmouth Medical College. Keine wichtige Studie beweist, dass man dadurch Gewicht verliert, weniger Hunger oder eine erhöhte Aufmerksamkeit hat.

14. Walking ist lebensgefährlich

Wegen ihrer geringen Geschwindigkeit sind Walker besonders gefährdet, etwa durch herabfallende Äste oder bei Gewittern. Die Alustöcke eignen sich auch nicht als Blitzableiter. Die bizarrsten Unfälle:

- Eine 55-Jährige aus Recklinghausen verletzte sich beim Walking schwer, als ein drei Zentimeter dicker Ast ihren Unterschenkel durchbohrte und nur knapp eine wichtige Arterie verfehlte.
- Ein herabfallender Ast hat eine Walkerin in der Sächsischen Schweiz erschlagen.

- Die Ärztin Evelyn E. aus Dohna ist bei einem Walking-Unfall tödlich verunglückt, als sie den Halt auf dem feuchten Untergrund verlor, abrutschte und in einen 80 Meter tiefen Abgrund stürzte.
- In den Zillertaler Alpen setzte sich während einer Rast ein Walker in sein Klappmesser. Er zog sich eine 1,5 Zentimeter lange Stichwunde zu.

15. Walking ist kein Gesundheits-, sondern ein Marketingerfolg

Wer je daran zweifelte, dass Reklame funktioniert, wird durch das Beispiel Walking überzeugt. Das Kunstwort, das auf dem englischen Verb »to walk«, zu deutsch: gehen, basiert, entstammt der gleichen werblichen Gefühlswelt wie »Wellness«. Ein banaler Wortsinn wird durch Anglifizierung künstlich veredelt und so mit Bedeutung aufgeladen. Damit ist die Arbeit umtriebiger Instruktoren und Vermarkter jedoch nicht abgeschlossen. Durch weitere Attribute werden neue Spielarten geschaffen, die allerdings die Grenze zum Schwachsinn längst überschritten haben.

»Nordic Walking on the Water« nennen Architekturstudenten der TU München ihre Erfindung. Sie haben ein Boot entwickelt, mit dem man angeblich übers Wasser gehen kann. Das Prinzip haben die Tüftler bei den paddelnden Enten abgeschaut, weshalb »Ducking« auch ein schöner Name gewesen wäre. Per Fußpedal und Wanderstöcke wird das an einen Crosstrainer erinnernde Boot bewegt. Wanderstöcke an beiden Seiten dienen als Hebel und Lenkung. In der teuersten Ausführung mit Carbonrumpf kostet der Aqua-Walker rund 10 000 Euro. Sport wird ab dem Moment getrieben, wenn der Ducker ins Wasser fällt und ans Ufer schwimmen muss.

»Nordic Husky Walking« heißt die neueste Kreation des Erlebnisgutschein-Unternehmers Jochen Schweizer. Bei den geführten

Touren im Raum München, Frankendorf und Kufstein bekommt jeder Teilnehmer einen Husky als Zugtier umgeschnallt. Der zottelt nach Beschnüffeln den Nordic Walker durch die Landschaft. Der Spaß kostet ab 59 Euro.

»Nordic Dogging« bedeutet Gassigehen mit Stöcken und wurde von findigen Hotelbetreibern aus Österreich zum Trend erklärt. Herrchen und Frauchen müssen ihre Hunde nicht mehr zu Hause lassen, sondern können sie in den Urlaub mitnehmen, für den mit Nordic-Dogging-Übernachtungstarifen und Nordic-Dogging-Kursen geworben wird. Auch Hundeschulen bieten Nordic Dogging an – als ultimatives Ganzkörper- und Koordinationstraining vor allem für den Hund. Denn dahinter verbirgt sich nichts anderes als eine Einführung in das Stock-Gehen mit Hund. Dieser muss vor allem lernen, den Stöcken auszuweichen. Die Heimtierindustrie hat auf den Trend bereits reagiert. Der Fachmarkt »Fressnapf Österreich« bietet einen Sport-Adapter für Nordic Walking mit Hunden an, der mit einer Schlaufe um das Handgelenk befestigt wird. Daran hängt ein Karabinerhaken, der die Hundeleine hält.

Wem Walken zu anstrengend ist, steigt auf »Zen-Walking« um. Konzentrierte Atmung, halb geschlossene Augen und ein Mantra auf den Lippen – hier werden meditative Elemente des Yoga eingebaut. Kern des Zen-Walking ist Kinhin, eine Art schweigender Gänsemarsch, die den Vorteil hat, das andere Waldbenutzer nicht mehr von fortwährendem Gequatsche gestört werden.

16. Die Titel-Schummelei

Nordic Walking ist zwar kein offiziell anerkannter Wettkampfsport, doch in Bayern fanden 2006 schon mal die ersten World Championships statt, getreu dem Motto: Wer als Erster veranstaltet, hat die besten Chancen, sich einen wohlklingenden, wenn auch wertlosen Titel zu sichern. In Wiesau in der Oberpfalz veranstaltete die ortsansässige Nordic Walking Academy einen 24-Stunden-Event, an dem 160 Teilnehmer aus Ungarn, Österreich, der Schweiz und den Niederlanden teilnahmen, also praktisch die ganze Welt. Nur 23 erreichten allerdings das Ziel. Zahlreiche Starter mussten verletzungsbedingt oder völlig erschöpft ausscheiden. Titelträger auf dem 1508 Meter langen Rundkurs im Sportzentrum der Gemeinde wurde Helmut Wimmer (40) aus Westhausen im Ostalbkreis. Bei den Frauen gewann die 63-jährige Österreicherin Hella Holzbauer. Toni Dutz, Wiesaus Bürgermeister, ahnt: »Wir sind zum Mekka dieser Breitensportart geworden.«

17. Voller Ernst: Die Walking-Barbie

Das erste Walking-Spielzeug sagt eigentlich alles über den merkwürdigen Freizeitvertreib am Stock und seine Fans. Blondes oder braunes Haar, pink- oder orangefarbener Dress, dazu passende Sportschuhe und Stöcke – so präsentiert sich die erste Nordic-Walking-Puppe. »Steffi Love Nordic Walking« ist 29 cm groß und vom Körperbau her stark idealisiert. Außerdem fehlt der Verpflegungsgurt. Zu begutachten unter: www.nuernberg-spielwaren.de/steffi-ankleidepuppe-nordic-walking-p-829.html

Lieber Achim,
ich habe Dich schon seit Längerem im Verdacht, dass Du abfällig über das Nordic Walking denkst. Dieser Sport hat aber auch seine guten Seiten, zum Beispiel ein sehr niedriges Verletzungsrisiko. Wie eine Studie der Medizinischen Hochschule Hannover zeigt, verletzen sich Nordic Walker, wenn überhaupt, höchstens die Daumen. Offenbar halten die Walker bei ihren Stürzen krampfhaft die Stöcke fest, rums … und schon muss geschient werden. Dr. Karsten Knobloch (MHH) rät denn auch, alle Nordic Walker darauf hinzuweisen: Beim Sturz bitte die Stöcke loslassen. Auf dass diese schöne Sportart noch sicherer werde.
Mit besten Grüßen,
Christian

Lieber Herr Achilles,
dann können wir ja alle froh sein, dass es Sie gibt, um mit uns aus dem Dunkel zu rennen! Der kritische Punkt ist, ob man schnell genug geht, um den Puls etwas in die Höhe zu treiben. Das kann man ganz einfach mit einem Pulsmessgerät überprüfen und sein Tempo entsprechend heben (oder auch senken), um im Cardiooptimum zu bleiben. Ich denke, es wäre gut, nicht nur im Wald die Augen offen zu halten, sondern vielleicht auch mal beim Einkaufsbummel: Sollte man den wachsenden Anteil der übergewichtigen Bevölkerung durch Spott von

irgendeiner Bewegungstätigkeit abhalten? Und würden sich die Menschen, die Sport am nötigsten haben, nicht umgehend die Gelenke schädigen, wenn sie tatsächlich liefen? Ich kann aufgrund von Knieproblemen nicht ohne Schmerzen laufen und bevorzuge deshalb walken. Auch wenn es wahrlich nicht zum Muskelaufbau taugt, ist es doch immerhin etwas Bewegung, die den Kreislauf in Schwung bringt und die allgemeine Fitness verbessert!
Manuel

Lieber Herr Achilles,
woher diese Antipathie gegenüber den Nordic Walkern? Auch dabei gibt es, genauso wie bei den Läufern, solche und solche. Ich selbst, Sie werden es sicher schon befürchtet haben, gehe auch (leider viel zu selten) walken. Meine Arm- und Rückenmuskulatur profitiert genauso davon wie mein Kreislauf (je nach Steigung oder forciertem Stockeinsatz mit Pulsfrequenzen zwischen 150 und 180, in Spitzen entsprechend mehr, manchmal peitsche ich ihn auch über den eines Hirntoten hinaus). Übrigens freundliche Grüße an Ihre Kniegelenke (beziehungsweise die Ihrer »Läuferkollegen«). Wir können uns ja vielleicht mal in zehn Jahren über deren Zustand austauschen.
Herzlichst,
Ihr Dr. Schäfer

Sehr geehrter Herr Achilles,
Ihre geschmacklose und verletzende Satire über die Walker und Nordic Walker nehme ich zum Anlass, Sie ins schöne Siebengebirge einzuladen. Und genau dort werde ich Sie auf einer Strecke von circa zwei Kilometern mit meinen Nordic-Walking-Stöcken herausfordern. Wer zuletzt lacht, lacht am besten.
Mit sportlichem Gruß,
Monika (stellv. Lauftreffleiterin Lauftreff Siebengebirge)

Hallo Achim,
ein bisschen weh tut es mir schon, wie Du Dich immer über die Walker lustig machst. Ich habe bis vor ein paar Jahren genauso gedacht, aber jetzt bin ich auch zwangsweise zur Nordic Walkerin geworden. Bei mir wurde HSP, eine Nervenkrankheit, diagnostiziert, und ich kann einfach nicht mehr laufen. Walken geht gerade noch, und die Stöcke helfen mir, mich dabei nicht ständig auf die Schnauze zu legen.
Christine

22. DAS ALLERLETZTE: ACHILLES WIRD EHREN-WALKER

Große Ehre für Achim Achilles. Arne Trommer, 2. Vorsitzender der Nordic Walking Union (NWU), verlieh ihm im Hauptstadt-Büro der NWU die Ehrenmitgliedschaft dieses wundervollen Verbandes. Trommer würdigte die scharfe Beobachtungsgabe und den großen Witz des Kolumnisten: »So gut wie Achim Achilles schafft es niemand, die Nordic Walker über sich selbst zum Lachen zu bringen. Bei uns im Verband gehört er zur Pflichtlektüre. Und Deutschlands Läufer brauchen ihn als schweres Geschütz, um der rasenden Verbreitung von Nordic Walking publizistisch Herr zu werden. Das sehen wir mit Genugtuung«, so Trommer.

Achilles, der auch als Deutschlands größter Walker-Hasser gilt, zeigte sich bewegt und irritiert zugleich. »Es gibt Ehrungen, die kann man einfach nicht ablehnen. Wale, Aliens, Frauen – ich habe mich immer schon im Minderheitenschutz engagiert. Jetzt also Walker, die armen Würstchen. Na gut. Bedingung ist allerdings, dass ich kein Erkennungszeichen von den Walk-Schraten tragen muss. Jetzt gibt es nur noch eine Steigerung: die Wahl zum Bundespräsidenten. Aber stattdessen kommen als Nächstes bestimmt die militanten Hundehalter, die mir den Goldenen Knochen verleihen. Das habe ich weder gewollt noch verdient.«